Seagull Books
横浜市立大学
005

グローバル・ガバナンスの世紀
国際政治経済学からの接近

毛利勝彦

東信堂

プロローグ

　20世紀とはどんな世紀だったのか。21世紀はどんな世紀になるのか。様々な見方があるが、20世紀は世界大戦と世界恐慌の世紀だったと思う。その結果、世界はまるで卵割のような分裂を繰り返した。自由主義圏と社会主義圏の東西対立は、勢力がほぼ均衡する分裂だった。先進国と途上国の南北対立は、不均等な分裂だった。分裂した細胞が成長しないうちに次の分裂が始まった。中ソ対立、西側先進国間の貿易摩擦、南南問題と部分的な分裂が次々と起きた。冷戦の終焉と相互依存の深化は「民主化」と「持続可能な開発」の期待を高めたが、大量殺戮兵器の拡散、地域紛争、民族対立、内戦、国際テロリズム、人権抑圧、通貨危機、世界同時不況、人口爆発、飢餓、エイズ、麻薬、資源・エネルギー不安、地球環境破壊などグローバル社会の再構築という課題を残して21世紀を迎えた。

　2001年9月にニューヨークの世界貿易センターとワシントンの国防総省が標的とされた対米同時多発テロを契機として、新しい「世界戦争」と「世界恐慌」が始まったとの見方もある。しかし、21世紀はグローバル・ガバナンスの世紀にすべきだと思う。また、そうなりうると思う。テロリズムや資本主義が暴走する今となっ

てはあまりにも楽観的だと批判されるかもしれないが、危機こそグローバルな連帯に立ち上がるチャンスである。

本書のねらいはグローバルな問題群が発生するメカニズムを理解し、平和と繁栄の持続が期待できる新世紀のデザインを国際関係学の観点から考えることである。冷戦は自由主義の勝利に終わり、自由民主主義と市場経済の世界観が支配的になるというフクヤマ(Francis Fukuyama, 1952-)のような楽観論があった(Fukuyama 1992)。また、「文明の衝突」になりかねないというハンチントン(Samuel Huntington, 1927-)のような悲観論もあった(Huntington 1996)。本書におけるグローバル・ガバナンス論は、慎重な楽観主義の立場をとりたい。

ガバナンス概念には、共有された規範が想定されている(大芝、山田 1996)。主観的でも客観的でもなく、多くの主観によって相互に認められた、いわば間主観的な規範が共有されるのである。国際通貨基金(IMF)や世界銀行(IBRD)が途上国に対して期待する「良いガバナンス」には新自由主義的な規範が込められているが、本書で使うガバナンス概念は必ずしもそのグローバル版ではない。グローバル・ガバナンス委員会によれば、グローバル・ガバナンスとは、「公的および私的な個人や組織が共通の問題群を管理・運営する多くの方法の総体」(Commission on Global Governance 1995)である。本書でも、国家主体だけでは解決することができないグローバルな問題群を、グローバル市場やグローバル市民社会における非国家主体とともに協調的に対処するための規範を再構成し、制度を再構築するプロセスであると捉えたい。さらに広義には、世界政府を持たない国際社会の歴史のなかで共通の問題

群を統治・運営してきた制度としてガバナンスを定義したい。

　世界政府がないにもかかわらず、こうしたガバナンスの実現可能性を語ることが必ずしも夢物語ではないと思うのには理由がある。科学技術革新の追い風もあって、国家のヒエラルキー原理でも市場の競争原理でもない市民社会的なネットワーク原理が既に浸透し始めているからである。例えば、グローバル・ガバナンスとは「コンピューターのオペレーティング・システム(OS)のようなもの」(土屋 2001)だという名言がある。インターネットを通じて無料公開されたプログラムのソースを、世界中のプログラマーが自主的に改良を加えて短期間に完成させたLinux(リーナックス)のようなOSが広まっているのがその心強いモデルである。こうしたオープン・ソース方式による高性能な基本ソフトの出現が、ハードウエアの整備とアプリケーション・ソフトやコンテンツの充実にも結びついてゆくことが重要である。

　冷戦後のグローバル社会の基本課題は、決定に時間のかかる民主主義体制が要請されるなかで時間的余裕のない地球的問題群を克服しなければならないジレンマにある。このジレンマに対して、多様な主体が相互に信号をやりとりしながら、まるで連合野のように協調して対処するネットワークが既に生まれ、静かに共進化を続けているように思えてならない。しかし、ネットワーク原理をベースにしたグローバル・ガバナンスが自動に支配的となるわけではない。適切なデザインと綿密な装置が構造化されなければ、多様な主体による協調は持続せず、対立と混沌の世界に陥ってしまうだろう。グローバル社会は進化せずに、退化する可能性も大きいのである。

国際関係学とりわけ国際政治経済学の専門的な要点をおさえながらも、ハンディな入門書として読みやすくするために、本書は次のような構成をとることにした。第1章は、グローバル・ガバナンスの歴史である。現在起きていることを歴史的な文脈で理解することは、新世紀のデザイン作業の前提となる。これまでの国際社会とこれからのグローバル社会は、どこが同じでどこが違うのかを浮き彫りにしたい。第2章は、グローバル・ガバナンスの理論である。冷戦の終焉や経済危機の発生という20世紀末の重要な出来事を、なぜこれまでの国際関係学が予測できなかったのかを省みて、国際関係学の新しい展開方向を模索したい。理論の紹介や解説には抽象的な概念や専門用語も使っているが、国際関係学のキー概念は安易にくだけたものとはしなかった。第3章から第7章までは、グローバルな問題群ごとの各論である。もともと国際関係学の目的は世界大戦と世界恐慌の回避にあった。もう1つの世界大戦を回避するために、国際政治学や国際法学は軍事的な安全保障や非軍事的な国際政治(人権や民主化)を分析してきた。世界恐慌の再来を回避するために、国際経済学は通貨・金融や貿易・投資を分析してきた。本書では、20世紀の国際制度が揺らぎながらも残存するこれら4つのグローバルな問題群に加えて、20世紀後半になって本格的に国際制度が形成され始めた分野として地球環境問題を取り上げる。これらの異なる問題領域におけるガバナンスは、相互に関連しながら領域横断的に共通した軌跡を描いて進化していることをここで示したい。

　本書の刊行にあたっては、横浜市立大学学術研究会や東信堂の二宮義隆氏に大変お世話になった。横浜市立大学国際文化学部お

よび大学院国際文化研究科の教職員と学生・院生をはじめ、これまでの研究・教育の場であった国際大学大学院国際関係学研究科やカールトン大学ノーマンパターソン国際関係大学院の人々との対話から受けた知的刺激が本書を書き下ろす原動力となった。また、布施勉教授、倉持和雄教授、黒川修司教授、初川満教授、和仁道郎助教授(以上、横浜市立大学)、大矢根聡助教授(金沢大学)、太田宏教授(青山学院大学)、藤倉良教授(立命館大学)、中山幹康教授(東京農工大学)にはドラフトの一部をお読みいただき貴重なコメントをいただいた。心から感謝申し上げたい。本書が広く国際関係に興味を持つ読者の建設的な議論の一助となれば幸いである。

2001年11月

毛利　勝彦

グローバル・ガバナンスの世紀──国際政治経済学からの接近／目次

プロローグ …………………………………………3
  図表一覧・凡　例(11)
  略称表(12)

第1章　グローバル・ガバナンスの世紀？ ………17

  1　「21世紀型危機」とは何か ………………………17
  2　いったい何が危機なのか ………………………20
  3　国際・世界・地球ガバナンス …………………22
  コラム1：ウェストファリア体制と21世紀グローバル社会(27)

第2章　国際関係学ディベート ……………29

  1　パラダイム間論争 ………………………………29
  2　第1論争とガバメント …………………………31
  3　第2論争とガバナビリティ ……………………35
  4　第3論争とガバナンス …………………………37
  5　グローバル・ガバナンス論の課題 ……………42
  コラム2：国際レジーム論とグローバル・ガバナンス論(46)

第3章　平和と安全保障のガバナンス …………47

  1　進化する脅威への対応と平和 …………………47
  2　個別的自衛と一国平和 …………………………50

3 集団的自衛と国際平和 ················54
  4 集団的安全保障と世界平和 ············59
  5 協調的安全保障と構成的平和 ··········63
   コラム3：集団的自衛と集団的安全保障(69)

第4章　人権と民主化のガバナンス ···········71

  1 進化する民主主義 ···················71
  2 主権国家の民主化と人権 ·············76
  3 国際社会と第1世代の人権 ···········80
  4 世界社会と第2世代の人権 ···········84
  5 グローバル社会と第3世代の人権 ·····89
   コラム4：国際司法裁判所と国際刑事裁判所(93)

第5章　通貨と金融のガバナンス ·············95

  1 進化するマネー ·····················95
  2 国内通貨と中央銀行 ················100
  3 国際通貨と金本位制 ················104
  4 基軸通貨とブレトンウッズ体制 ······108
  5 バーチャル通貨とグローバル金融
    アーキテクチャー ··················113
   コラム5：デリバティブによるヘッジと投機(121)

第6章　貿易と投資のガバナンス …… 123

1　進化する交換と生産 …… 123
2　重商主義と国家 …… 127
3　自由貿易とイギリス …… 130
4　公正貿易とGATT体制 …… 134
5　協調的な貿易・投資とWTO改革 …… 142
コラム6：垂直貿易・水平貿易と垂直分業・水平分業(148)

第7章　地球環境のガバナンス …… 149

1　進化する環境戦略 …… 149
2　「共有地の悲劇」と公害対策 …… 153
3　越境汚染と環境外交 …… 158
4　「人類の共同財産」の世界管理 …… 162
5　「持続可能な開発」と地球環境ガバナンス …… 167
コラム7：リオデジャネイロ会議とヨハネスブルグ会議(173)

エピローグ …… 175

引用・参考文献 …… 179

図表一覧

表1 世紀を超えるガバナンス(23)
図1 パラダイム間論争(30)
図2 ガバナンスの展開方向(44)
図3 国連の平和活動(62)
表2 6つの政治体制モデル(74)
図4 3世代の人権と民主主義(77)
表3 国際通貨体制の変遷(97)
図5 地域主義のネットワーク化(138)
表4 ＧＡＴＴ／ＷＴＯの多角的貿易交渉(139)
表5 主な多国間環境条約(152)

凡　例

1　本文中で引用・参考文献を示す際は、括弧内に、著者名(名字、ラストネームのみ)と発行年を掲げる。これら引用・参考文献の一覧は巻末に設けてある。
2　主要な外国人名は、片仮名で記した後、初出の場合は原綴りと生没年を付した。
3　重要な語句、概念は、各章末にコラムを設けて説明し、本文中の各章初出の関連箇所に〖コラム○〗のように記してある。
4　本書で用いられている欧字の略称は、初出のほか必要と思われる場合、邦文の正称あるいは一般的に使われている訳語を付したほか、一括して略称表を設けた。

略 称 表

ABM	弾道弾迎撃ミサイル	EMU	経済通貨同盟
AFTA	ASEAN自由貿易地域	EU	欧州連合
AMF	アジア通貨基金構想	FTA	自由貿易地域
ANZCERTA	オーストラリア・ニュージーランド経済協力緊密化協定	FTAA	米州自由貿易地域
		GATS	サービス貿易一般協定
APEC	アジア太平洋経済協力会議	GATT	関税及び貿易に関する一般協定
ARF	ASEAN地域フォーラム		
ASEAN	東南アジア諸国連合	GEF	地球環境ファシリティ
ASEM	アジア・ヨーロッパ会議	GMO	遺伝子組み換え作物・食品
BCSD	持続可能な開発のための経済人会議		
		HIPCs	重債務貧困国
BIONET	生物多様性行動ネットワーク	IAIS	保険監督者国際機構
		IBRD	世界銀行
BIS	国際決済銀行	ICBL	地雷禁止国際キャンペーン
BMD	弾道ミサイル防衛		
CAN	気候行動ネットワーク	ICBM	大陸間弾道ミサイル
CARE	ケア(NGOの名称)	ICC	国際刑事裁判所
CFC	クロロフルオロカーボン	ICJ	国際司法裁判所
CICC	国際刑事裁判所のためのNGO連合	ICLEI	国際環境自治体協議会
		ICPD	国際人口開発会議
CITES	野生動植物取引規制条約	ICRC	赤十字国際委員会
CSCAP	アジア太平洋安全保障協力会議	IDA	国際開発協会
		IEA	国際エネルギー機関
CSCE	欧州安全保障協力会議	IFC	国際金融公社
CSD	持続可能な開発委員会	IFF	森林に関する政府間フォーラム
CTBT	包括的核実験禁止条約		
CUFTA	米加自由貿易協定	ILO	国際労働機関
EAEC	東アジア経済コーカス	IMF	国際通貨基金
EAEG	東アジア経済グループ	INF	中距離核戦力
EC	欧州共同体	IOSCO	証券監督者国際機構
ECB	欧州中央銀行	IPCC	気候変動政府間パネル
ECU	欧州通貨単位	IPEN	POP廃絶国際ネットワーク
EEA	欧州経済領域		
EEC	欧州経済共同体	IPF	森林に関する政府間パネル
EEZ	排他的経済水域		
EFTA	欧州自由貿易連合	ISO	国際標準化機構
EIA	環境影響評価	ITA	情報通信技術製品協定
EMS	欧州通貨制度	ITO	国際貿易機関構想

IUCN	国際自然保護連合	RMA	軍事分野での革命的進歩
IWC	国際捕鯨委員会	SALT	米ソ戦略兵器制限交渉
LETS	地域交換取引システム	SDI	戦略防衛構想
LRTAP	長距離越境大気汚染条約	SDR	特別引き出し権
MAD	相互確証破壊	SLBM	潜水艦発射弾道ミサイル
MAI	多国間投資協定	SOx	硫黄酸化物
MARPOL	船舶による汚染防止条約	SPS	衛生・植物検疫措置
MD	ミサイル防衛	TBT	貿易に対する技術障壁
MFN	最恵国待遇	TEP	大西洋経済パートナーシップ
MIGA	多国間投資保証機関		
MNC	多国籍企業	TMD	戦域ミサイル防衛
MSF	国境なき医師団	TPRM	貿易政策検討メカニズム
NACC	北大西洋理事会	TRIM	貿易関連投資措置
NAFTA	北米自由貿易協定	TRIP	貿易関連知的所有権
NATO	北大西洋条約機構	UNCED	国連環境開発会議
NEPA	米国国家環境政策法	UNCHE	国連人間環境会議
NGO	非政府組織	UNCTAD	国連貿易開発会議
NIEO	新国際経済秩序	UNDP	国連開発計画
NMD	米国本土ミサイル防衛	UNEF	国連緊急軍
NOx	窒素酸化物	UNEP	国連環境計画
NPT	核兵器不拡散条約	UNFF	国連森林フォーラム
NT	内国民待遇	UNHCR	国連難民高等弁務官
NTB	非関税障壁	UNICEF	国連児童基金
OAS	米州機構	UNOSOM II	第2次国連ソマリア活動
OAU	アフリカ統一機構	UNPREDEP	国連予防展開軍
ODA	政府開発援助	UNTSO	国連停戦監視機構
OECD	経済協力開発機構	UPU	万国郵便連合
OPEC	石油輸出国機構	VER	輸出自主規制
OS	オペレーティング・システム	VIE	輸入自主拡大
		WEO	世界環境機関構想
OSCE	欧州安全保障協力機構	WFM	世界連邦運動
PCIJ	常設国際司法裁判所	WIPO	世界知的所有権機関
PFI	民間資金等の活用	WMD	大量殺戮兵器
PFP	平和のためのパートナーシップ	WRI	世界資源研究所
		WSSD	持続可能な開発に関する世界サミット
PKO	平和維持活動		
PTBT	部分的核実験禁止条約	WTO	世界貿易機関
RIOD	砂漠化・干ばつに関する国際 NGO ネットワーク	WWF	世界自然保護基金

グローバル・ガバナンスの世紀
―― 国際政治経済学からの接近 ――

第1章　グローバル・ガバナンスの世紀？

1　「21世紀型危機」とは何か

　1997年7月、アジア通貨・金融危機がタイから始まった。90年代半ばまでは「東アジアの奇跡」(World Bank 1993)と呼ばれた所得格差が比較的小さい高度経済成長は、なぜ一瞬にして危機に陥ったのか。周辺諸国や韓国だけでなくロシアやブラジルまで、なぜ瞬く間にこの「アジア型の風邪」に「感染」してしまったのか。

　これまでのオーソドックスな国際経済学によれば、通貨危機の原因は経済活動の動向を示す基礎的な要因（ファンダメンタルズ）にあるという。しかし、比較的高い貯蓄率をはじめ、アジア諸国の多くの経済指標は健全に見えた。経済の基礎条件は健全でも、膨大な資金を注ぎ込んでいるだけで、持続的な経済成長を底支えする技術移転の指標は低いとするクルーグマン(Paul Krugman, 1953-)の指摘もあった(Krugman 1994)。しかし、それにしても97年以降の成長率の急落は、技術移転の不足だけでは説明できないほどのレベルだった。

　アジアの経済危機は、国内の経済構造というよりも政策判断ミスによるものだという解釈もある。つまり、国内の様々な条件が整っていないうちに金融の自由化を進めたうえ、外貨準備が減っ

ているのに米ドルを売ってしまったことが致命的なミスであったという。しかし、貿易や投資の自由化を進めるなかでの金融の自由化は早晩とらなくてはならない措置であったし、自国通貨防衛のために外貨を売らざるを得ないことは当然の判断であった。

　問題の原因は、経済ではなく政治だとする見方もある。身内や縁故を優先する「クローニー資本主義」と結びついた国内の政治腐敗が原因だとする解釈である。汚職や政治腐敗の追放は重要なことだが、この見方では韓国のような民主化した国でも経済危機を招いたことを十分に説明できない。国内政治ではなく国際政治が原因だという説もある。ミャンマー軍事政権の加盟を認めた東南アジア諸国連合（ASEAN）に対する「陰謀」説もあるが、この解釈ではASEAN域外への波及が説明できない。

　国際システムにおける要因を指摘する解釈のなかでも、制度的構造要因に着目したのが「21世紀型危機」説である。95年メキシコ通貨危機や97年に始まったアジア通貨危機を、当時のカムドシュ（Michel Camdessus, 1933- ）国際通貨基金（IMF）専務理事は、「21世紀型危機」と呼んだ。その後の韓国、ロシア、ブラジルでの危機も「システムの危機」の表れだとした。経常収支の赤字を短期的に埋め合わせることを目的としたIMFは、資本収支の危機には対応していなかったため、大量の短期資本の移動が招いた通貨危機への国際協調が十分に機能しなかったという指摘である。資本収支の危機は国内と国際システムにおける政治経済要因が複雑に絡んでおり、国内要因も考慮に入れるべきであるが、国際システムの制度的欠陥を指摘したこの見方は重要である。本書でも国際システムにおける制度的要因に注目する。しかし、「21世紀型危機」や「シ

ステム」の定義については必ずしも明確なものは見当たらず、これまでの危機と「21世紀型危機」の違いや、金融以外の問題も含まれるのかという問題領域の範囲をめぐっても議論の混乱が見られる。

　本書では、「21世紀型危機」を、20世紀に支配的だった一連の規範や制度がグローバルな問題群を解決できなくなった状態であると定義する。つまり、20世紀型の国際政治経済ガバナンス・システムが制度疲労を起こし、それが末期的症状にいたったという見方である。

　それでは、20世紀型の国際政治経済ガバナンスとは何だったのか。国際通貨・金融の分野における基本的なシステムはブレトンウッズ体制であった。1944年7月にアメリカ・ニューハンプシャー州ブレトンウッズで連合国が開催したブレトンウッズ会議では、国際通貨基金（IMF）協定と世界銀行（IBRD）協定が調印され、国際貿易機関（ITO）の設立も提案された。ラギー（John G. Ruggie, 1944-）によれば、ブレトンウッズ体制の本質は国内秩序に「組み込まれた自由主義の妥協」（Ruggie 1982）であった。「海外ではスミス、国内ではケインズ」とも呼ばれるように、19世紀のスミス的自由主義世界市場と20世紀のケインズ主義的福祉国家という異なる支配的な考え方が、矛盾しながら存在していた。それはまた国家が市場に介入する17～18世紀的な重商主義国家の遺産も引き継いでいた。スミス（Adam Smith, 1723-90）もケインズ（John Maynard Keynes, 1883-1946）もイギリスの人物であるが、20世紀においてはケインズがイギリスの理念を代表し、スミス的な理念は当時のハル（Cordell Hull, 1871-1955）国務長官らによってアメリカから提示され

た。アメリカがイギリスの要求を受け入れた理由はアメリカの「戦略的自制」(Ikenberry 2001)によるとの見方もあるが、冷戦期の利害関係が大きく影響していた。社会主義陣営に対抗するために、アメリカがイギリスの主張に妥協したのである。それは権力構造から見れば、19世紀イギリスの覇権が衰退し、20世紀アメリカの覇権が確立したから可能であったことでもある。こうした歴史的文脈の下に、20世紀システムが矛盾や曖昧さを抱えたまま国際的に制度化されたのである。

2　いったい何が危機なのか

　20世紀型ガバナンスが危機に直面している問題領域のタイプは大きく3つに分類できる。第1のグループは、特定の問題領域についてデザインされた国際制度は残存するが、もはやその制度的枠組みによって十分に問題解決できなくなってしまった分野である。矛盾を抱えたまま制度化された20世紀型国際制度は、国際政治と国際経済の双方において典型的に見られる。政治的には、軍事的な国際安全保障と非軍事的な国際政策決定の分野である。経済的には、国際通貨・金融および国際貿易の分野である。これら四分野での制度化は、政治的には世界大戦、経済的には大恐慌という2つの惨事を繰り返さないための装置であった。しかし、その制度化の程度は微妙に違っていた。安全保障に比べて非軍事的な国際政治の制度化は緩やかであるし、国際金融に比べて国際貿易は二次的であった。国際金融のなかでも開発援助については、非常に緩い国際体制しか成立していない。

これらの国際レジーム(**コラム2**)の強さが一様でないのは、成立時の経緯にもよる。国際経済面では、戦後通貨・金融体制の骨子が大戦末期の1944年に既に形成されていたのに対して、国際貿易機関構想は頓挫し、1947年に暫定的に締結された関税及び貿易に関する一般協定(GATT)が存続するという変則的なレジーム形成がなされた。これは、通貨・金融問題の骨子が一般には見えにくい形で一部の専門エリートによって決定されるのに対して、貿易問題は利害関係者の範囲が広く、多くの人々の目につく政治化しやすい分野だったからでもある。国際政治面では、1945年サンフランシスコ会議で戦後処理と国際連合の骨格が決まった。しかし冷戦の激化とともに集団的安全保障はうまく機能しないことが明確になり、1949年に NATO(北大西洋条約機構)が、55年にはワルシャワ条約機構が設立された。これらは地域的な集団的安全保障の制度化と見るよりも、集団的自衛体制への逆行とその高度化と解釈する方が的確である。

　第2に、国際問題を解決するための効果的な国際制度が存在せず、むしろ国内制度で対応してきた問題領域がある。雇用や福祉問題がそれである。例えば、先進諸国における高齢化や少子化に伴う福祉問題は大きな課題であるが、世界人口の大半を占める途上国においては、高齢化や少子化は問題になっていない。国際労働機関(ILO)や国連児童基金(UNICEF)のほか、国連世界人口会議の開催など、グローバルなレベルでの雇用・福祉・人口問題についての国際レジーム形成の試みもなかったわけではないが、基本的に福祉は国際制度ではなく国内制度で解決されてきた。

　第3に、国内制度も国際制度も十分でなく、国際制度形成の試

みはまだ始まったばかりの問題領域がある。開発と環境をめぐる制度化がその例である。もともとは国内で扱われていた公害問題が20世紀末に急速に国際問題化したが、その制度形成が本格的に発展・維持されるかは21世紀にかかっている。

これまで国内問題とされていた福祉や、新たに形成されつつある地球環境レジームも、既存の国際レジームと同様の矛盾と制度化を内包しつつ、相互に影響し合いながら進展している。関税引き下げ交渉は貿易分野での「軍縮」であり、「自由権」拡大である。公害問題は、環境分野での「安全保障のジレンマ」である。21世紀のグローバル社会は、安全保障や経済発展だけでなく、福祉や環境の問題も同時に密接に関連した問題群として解決しなくてはならない。したがって、広義の「21世紀型危機」とは内外の諸制度の複合疲労を指すと言ってもよい。

3　国際・世界・地球ガバナンス

なぜ国際システムのレベルでの構造的な危機が起きるのか。これまで、大きく分けて2つの説明があった。1つは、国際政治学でいう覇権安定仮説である。第2章で詳しく扱うが、覇権安定仮説の骨子は、国際公共財を提供できる1つの超大国（覇権国）が存在するときにだけ国際システムは安定するというものである。覇権国のパワーが衰退すれば、それに伴って国際公共財としての国際レジームも衰退するという論理である。もう1つは、技術革新に促進された社会経済分野での相互浸透の増大によって構造的な矛盾が拡大するという説明である。古くは中国での四大発明であ

表1　世紀を超えるガバナンス

ガバナンス 国際レジーム	19世紀型 国際ガバナンス	20世紀型 世界ガバナンス	21世紀型 地球ガバナンス
国際安全保障	個別的自衛 ＋集団的自衛	個別的自衛 ＋集団的自衛 ＋集団的安全保障	個別的自衛 ＋集団的自衛 ＋集団的安全保障 ＋協調的安全保障
国際政治	主権(国民)国家 ＋国際社会	主権(国民)国家 ＋国際社会 ＋世界社会	主権(国民)国家 ＋国際社会 ＋世界社会 ＋グローバル社会
国際通貨・金融	国内通貨 ＋国際通貨	国内通貨 ＋国際通貨 ＋基軸通貨	国内通貨 ＋国際通貨 ＋基軸通貨 ＋バーチャル通貨
国際貿易・投資	重商主義 ＋自由貿易	重商主義 ＋自由貿易 ＋公正貿易	重商主義 ＋自由貿易 ＋公正貿易 ＋協調貿易・投資

る火薬・紙・印刷術・羅針盤が西伝し、改良を加えられて鉄砲(軍事)・憲法(政治)・紙幣(金融)・大洋航路(貿易)として進化することになった。しかし、不均等な政治経済発展のさざ波はやがて相乗的に大きくなってゆく。いずれにしてもガバナンス・システム転換の契機は、政治的には戦争、経済的には不況や恐慌であった。世界大戦と世界恐慌を経て20世紀型ガバナンスが形成されたのと同様に、冷戦の終焉と経済面での「21世紀型危機」を経て、21世紀型ガバナンス・システムが形成されつつある。政治と経済の説明要因を併せて考えた国際システムの歴史的変遷を要約したのが、**表1**である。

　19世紀に支配的だった国際ガバナンスのシステムは、17世紀

ヨーロッパでの三十年戦争後に作られたウエストファリア体制（**コラム1**）の発展型である。17〜18世紀世界の特徴は、政治的にはヒエラルキー構造を持つ主権国家を構成主体とする国家間社会であり、経済的には中央銀行と紙幣の発明による資本主義経済システムの発達だった。ただし、19世紀国際社会が17〜18世紀世界と異なっているのは、政治的にはアメリカ独立革命(1776年)やフランス革命(1789年)を経て、主権国家が主権国民国家に変質したことである。自由権的基本的人権をベースとした国民主権が主流となり、インターステイト・ガバナンスからインターナショナル・ガバナンスの時代となった。軍事面では主権国家の個別的自衛とともに、軍事同盟の締結や勢力均衡策を通じた集団的自衛に基づく行動が顕著となった。とりわけナポレオン戦争後のウィーン体制下では「ヨーロッパの協調」と呼ばれる比較的平穏な時期が続いた。経済的には、産業革命をいち早く経たイギリスを中心に国際貿易が急激に拡大し、古典的な金本位制による国際通貨の流動性確保とスミス的な自由貿易論の標榜が、パックス・ブリタニカ体制下でなされた反面、不均等な経済発展が進んでゆくことになる。

19世紀型ガバナンス・システムは、主権国家群とイギリス中心の「国際」主義というシステム自体に内在した矛盾によって徐々に侵食され、パックス・ブリタニカ体制の構造変容を迫るドイツや日本などの新興国からの挑戦によって崩壊することになる。20世紀における第1次世界大戦と第2次世界大戦は、こうした19世紀型システムの危機の帰結である。第1次世界大戦後のベルサイユ会議とワシントン会議、および第2次世界大戦末期から戦後にかけての一連の会議では、20世紀型ガバナンスの骨格がデザインさ

れた。それは、それまでの19世紀型「国際」ガバナンスに集団的安全保障、社会権的な第2世代の人権をめぐる民主化、調整可能な基軸通貨による通貨・金融システム、公正貿易という規範やルールが追加された「世界」ガバナンスの試みであった。パックス・アメリカーナと呼ばれる20世紀型ガバナンス・システムの下では、民主化と生産や貿易が拡大し、世界的な富の再分配システムの構築もある程度は試みられた。しかし、20世紀型ガバナンスも、システムに内在する矛盾と軍事・情報・通信・運輸革命によって促進された構造変容によって侵食されることになる。急激な大量の短期資本の移動が契機となって引き起こされた資本収支の危機も、こうした20世紀型ガバナンスの矛盾を示す1つの現象なのである。

21世紀型「地球」ガバナンスがどのような規範や制度によって構成されるのかについては、必ずしも明確になっているわけではない。本書では、グローバル社会(**コラム1**)における協調的で総合的な安全保障、平和権や環境権など第3世代の人権に基づく民主化、バーチャル通貨による通貨・金融の信認確保、協調的なグローバル貿易・投資といった連帯的なネットワークをキーワードとする原則が支配的な位置を占めてゆくと見ている。これらの新しい規範やルールは、従来のガバナンスに取って代わるというよりも、従来のガバナンスに追加的に出現・進化している(Ronfeldt 1996)。

大量殺戮兵器(WMD)不拡散体制改革、国連改革、IMF 改革、世界貿易機関(WTO)改革などのグローバルな問題群への解決策は、こうした歴史的文脈で見つけ出す必要がある。日本の行動もグローバル・ガバナンスとの関係で考えてゆくべきである(納家、

ウェッセルズ 1997)。日米安全保障条約の再定義、ASEAN 地域フォーラム(ARF)、日本の国連安保理常任理事国入り、日本円の国際化とアジア通貨基金(AMF)構想、アジア太平洋経済協力会議(APEC)という日本やアジアをめぐる諸課題について、「グローバル・ガバナンスの世紀」の観点から議論を深めてゆくことが重要である。

コラム1：ウエストファリア体制と21世紀グローバル社会

　三十年戦争を終結させたウエストファリア会議(1648年)とそこで締結された一連のウエストファリア条約を、多くの国際関係学者が近代国際社会の基準点と見ている。領土国家の主権や宗教の自由など、中世世界と区別される世俗的な国際関係にとって重要な規範や国際会議の運営方法が法典化され始めたからである。実際には近代国際社会の始まりというよりは、むしろ保守的な体制の建て直しであったと言われる。当時のオーストリアとスペインのハプスブルク家拡大に対するフランスのブルボン家の優位を、ドイツの分断によって確保しようとしたからである。国家主権が尊重されたのも当時のヨーロッパ社会においてであり、イスラム世界やアジアなどの周辺部に対しては適用されなかった。ウエストファリア体制は18〜20世紀にかけて徐々にグローバルに拡大してきたのである。

　冷戦後のグローバル社会も、主権国家が基本単位となっているという意味ではウエストファリア会議から何ら変わっていないという見方がある。これに対して、他の様々な歴史的画期に注目して冷戦後の国際関係を捉える見方がある。例えば、冷戦後の新しい地域主義の動きは20世紀戦間期の地域ブロック化と似ているという説がある。米ソの二極構造が崩壊してアメリカの一極構造になったと見れば、19世紀イギリスによるパックス・ブリタニカに似ている。アメリカだけでなくヨーロッパや日本など主要国の多極化世界と見れば、19世紀ナポレオン戦争後のウィーン会議による「ヨーロッパの協調」と似ている。冷戦が終わって「聖戦」がクローズ・アップされてきたことや、多国籍企業・市民社会組織など非国家組織ネットワークの活躍によって主権国家が相対化されてきたことを強調すれば、冷戦後のグローバル社会はウエストファリア会議以前の中世世界にも似ている。

第2章　国際関係学ディベート

1　パラダイム間論争

　21世紀の国際関係学は、グローバル・ガバナンスをめぐって展開し始めている。国際関係学論争の文脈において、なぜ20世紀末にグローバル・ガバナンス論が台頭してきたのか。これまでの国際関係理論とグローバル・ガバナンス論は何が違っているのか。あるいは、どの程度同じなのだろうか。国際関係の理論としてのグローバル・ガバナンス論には何が期待され、何が課題となっているのか。国際関係学の理論史を振り返りながら、これらの設問に答えてみたい。

　学問としての国際関係学は、第1次世界大戦後に欧米で生まれた。1920年代以降の国際関係学理論は、第1次世界大戦、第2次世界大戦、冷戦という3つの世界戦争を画期とする3つの大論争を経て進展してきた。戦間期の第1論争、第2次世界大戦後の第2論争、そして冷戦後の第3論争は、しばしば「パラダイム間論争」と呼ばれる (Banks 1985)。社会科学としての国際関係学を、自然科学を想定した科学哲学者クーン (Thomas Kuhn, 1922-96) の「パラダイム (paradigm)」という概念を使って説明することは厳密にはふさわしくないが、国際関係学においてもいくつかの支配的な世界

観に基づいた問題解明や知見の蓄積がなされてきた。

国際関係学とりわけ国際政治経済学において支配的な理論群がいったいいくつあるのかについて、国際関係学者のなかでも必ずしも一致した見解があるわけではない。しかし、図1に示したように、欧米の論争では古典的なリアリズム、リベラリズム、マルキシズムの順に発生し、これら3つのパラダイム間およびパラダイム内で国際関係学理論は進化してきた。第2論争では、伝統主義、行動主義、構造主義が主要なパラダイムとなった。第3論争では、ネオ・リアリズム、ネオ・リベラル制度主義、構成主義／構築主義が主要なパラダイムになっていると言われる。

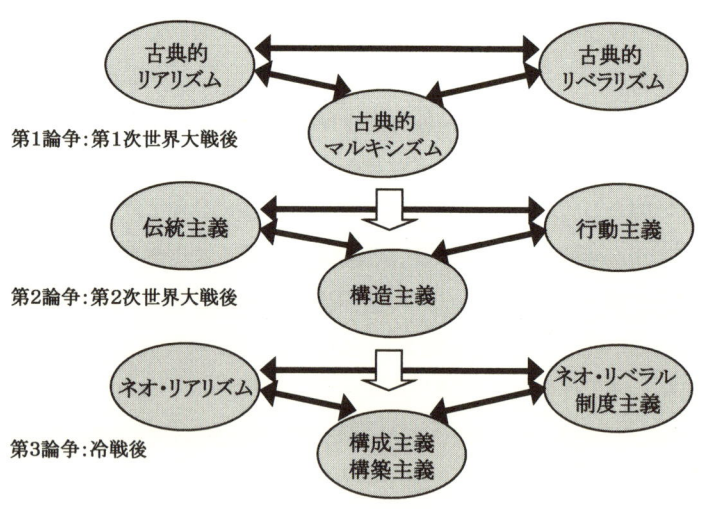

図1　パラダイム間論争

3つの時期のパラダイム間論争では、世界はどうあるべきかという規範論、どのように問題を解明してそれを解決するかという方法論、そしてそもそも世界には何が存在していて真実はどう認識されているのかという存在論・認識論がそれぞれの論争の焦点となったと言われる。グローバル・ガバナンス論もこれらの論争の影響を大きく受けている。ここでは、規範的観点から捉えた国家を支える政治制度としてのガバメント (government)、政治経済的な目標を達成する統治能力や方法としてのガバナビリティ (governability)、多様な主体の存在やそれらの主体と統治構造との相互作用プロセスとしてのガバナンス (governance) という3つの概念に注目しながら、国際関係学ディベートの文脈においてグローバル・ガバナンス論を位置付けてみたい。

2　第1論争とガバメント

　戦間期の第1論争は、第1次世界大戦の経験を歴史的、哲学的に振り返るなかで行われた。当時のアメリカのウィルソン (Woodrow Wilson, 1856-1924) 大統領に代表されるリベラルな国際主義に対して、やがてカー (E. H. Carr, 1892-1982) のようなリアリズムが復活し、1917年のロシア革命で勢いづいた新興のマルキシズムも台頭してきた。これら3つの古典的バージョンのリアリズム、リベラリズム、マルキシズムによる規範的な対立の焦点は、国家や政府がどうあるべきかについての理論的、政策的な違いだった。それは、17世紀から19世紀にかけて西欧社会が大きく変わった時期に生み出された哲学の人間観、社会観、国家観をどのように国

際社会観に再導入したかという相違から来ている。封建社会が近代社会へと大きく変わった17世紀のホッブズ(Thomas Hobbes, 1588-1679)とロック(John Locke, 1632-1704)の哲学、18世紀のフランス革命期のルソー(Jean-Jacques Rousseau, 1712-78)や、19世紀の産業革命波及期に生きたマルクス(Karl Marx, 1818-83)の思想を中心に振り返ってみよう。

ホッブズは、自然状態を政府や社会的秩序のないアナーキー状態であるとした。そこでの人間は感情によって支配され、孤独で、狡猾な獣のように野蛮で、その安全は常に脅かされていたと考えた。この「万人の万人に対する闘争」状態の人間社会を抜け出すために必要とされた絶対的な権力を持つ中央集権的な領土国家が「リバイアサン」である。古典的リアリストによれば、主権国家で構成される国家間社会(国際社会)においても、それぞれの主権国家の上に一元的な権威は存在しないアナーキー状態である。そのなかで、政府のリーダーは外交技術や強制的パワーを駆使して、自国の安全を自ら守るべきであると考えた。各国が同じような政策をとると自国の安全も脅かされる可能性もあるが、そこをうまく勢力均衡させることがリーダーの手腕の見せ所であると考えたのである。

古典的リベラリズムには様々なバリエーションがあるが、イギリスの名誉革命やフランスの市民革命によってホッブズを批判したロックやルソーの考え方がリベラリズムの主流となってゆく。ホッブズと違ってロックは自然状態における人間の本質を良いものであると捉えた。自然であるものは正しいとして、個人が幸福を追求する際のベースとなる土地や財産の私的所有権を認めた。

個人的な権利を認めながらも貧困から逃れるために市民社会を大多数によって構成し、そこから第2段階として限定的な市民政府を作ることは自然法にかなっていると考えた。そうした国民国家像は国内的には夜警国家、国際的には通商国家となる。国際社会は世界政府がないという意味でアナーキーではあるが、ホッブズが想定するほどのアナーキーではない。主権国家の個別的な権利を認めながら、「国家による社会(international society)」が自然状態として存在すると想定したブル(Hedley Bull, 1932-85)らのイギリス国際関係学派もここから発展してゆく(Bull 1977)。

　一方、ルソーは自然状態において人間は平穏であるが、ひとたび社会状態に入ると人間は残忍になると考えた。私有を伴う社会状態では不正や不平等が生まれてしまうのである。例えば、次のような寓話がある。狩猟社会では、全体が生存してゆけるぐらいの大きなサイズの牡鹿を捕えるために、個人はそれぞれの持ち場で動く必要がある。しかし、その分業プロセスにおいて自分の空腹を満たすほどの野ウサギが眼前を横切ったら、仲間の獲物を捕り逃がしても自分の獲物を追ってしまうのではないか。国家や政府も共同の利益を忘れて短期的で私的な利益に動かされがちであるので、社会契約を結び「一般意志」がうまく働く程度の比較的小さなサイズの共同体や団体を求めた。個人の存在から始まって結合した個々人、すなわち主権者としての人民の「一般意志」によって国家や政府が導かれる。個人や家族や小さなグループが基本的単位であるという点でも経済的リベラリズムの源流となっている。

　ルソーも国際社会というよりは国内社会に注目していたが、ル

ソーの影響を受けたカント(Immanuel Kant, 1724-1804)の哲学は国際政治のリベラリズムのベースとなっている。彼は、共和制をとる自由な諸国家が連合制をとることによって、戦争を回避して平和を持続させることが可能となると考えた。これは第1次世界大戦後の国際連盟の設立に影響を与えただけでなく、民主主義国家は戦わないという今日のデモクラティック・ピース論にも大きな影響を与えている。

ルソーと同様に人間の本質を変化するものと理解したのは、19世紀の変革期に生きたマルクスであった。マルクスは、人間の本質を固定したものではなく社会構造によってダイナミックに変化するものと考えた。生産手段を持つ階級がそれを持たない階級を搾取する。消費者というよりも生産者に注目した人間観である。マルクスによれば、国家は資本主義市場社会の下部構造の上に存在する上部構造であり、現存する国家は資本家(ブルジョワ)階級の利益を擁護する資本主義国家である。労働者(プロレタリアート)階級は団結して新しい社会組織を作り、革命によって資本主義国家を打倒する。その後、プロレタリアート独裁による社会主義国家を樹立し、世界規模でのプロレタリアート革命が進行すれば、やがて国家は死滅して共産主義社会が到来するという歴史観を持った。このような古典的なマルキシズムの思想は、レーニン(Vladimir I. Lenin, 1870-1924)らによって国際レベルに適用され、1917年のロシア革命をはじめとする20世紀の社会主義革命や、革命ではなく議会制を通じて社会主義的理念を実現しようとする社会民主主義に大きな影響を与えた。

3 第2論争とガバナビリティ

　第2論争は、冷戦期を中心に行われた。その主な争点は方法論に移ってゆく。冷戦期の東西両陣営において、それぞれのあるべきガバメントの目標を達成するための能力や方策としてガバナビリティが重要な論点となった。哲学的、法学的、あるいは歴史学的な方法論をとる古典的バージョンのリアリズム、リベラリズム、マルキシズムのアプローチを、方法論の観点から総称して伝統主義学派と呼ぶ。これに対して、「科学的」あるいは実証主義的な方法論をとることによってガバナビリティを高めようとする行動主義の立場が台頭した。行動科学革命とも呼ばれる1950年代後半から60年代にかけては、多くの場合コンピュータによるデータ処理によって効率的で効果的に戦争目的を遂行し、経済開発の目標を達成するアプローチが模索された。しかし、アメリカがベトナム戦争に敗北し、南北問題は解決されず、ソ連をはじめとする社会主義体制も行き詰まりを見せると、行動主義的な方法論の限界も明らかになる。国際関係学ディベートにおいては、脱行動科学主義が叫ばれ、構造主義が台頭してきた。

　伝統主義学派によれば、行動科学主義者は、科学的方法論に注意を向けるあまり、国際関係の本質的な問題を軽視しているという。社会科学としての国際関係学は人間や国家や国際社会を扱うので自然科学とは根本的に違う。だから、自然科学的な方法によって観察できるデータだけから単純化した法則を発見し、それから行動を予測することには批判的である。そのうえで、人間の直感

や理念や規範といった伝統的なアプローチの効用を強調した。例えば、モーゲンソー(Hans Morgenthau, 1904-80)のような古典的リアリズムを継承する立場は、ガバナビリティは「科学」ではなく統治スキルや芸術的センスによって達成可能であると再確認したのである。

　行動主義アプローチがいつも統計学や数量的な手法をとるわけではない。見かけ上の相関関係を因果関係だと断定しているわけでもない。しかし、複雑な現実をシステマティックに捉えようと試み、どの要因を動かせば、効率よく効果的に望ましい結果を得られるかという前提で様々な政策提言がなされてきたのは事実である。アメリカにおいては、戦争の原因を相関関係から探る研究プロジェクトが盛んに行われたし、実際の世界でもベトナム戦争に勝利するための効率的な爆撃作戦が計算された。また、経済開発の分野でも、アメリカ国際開発庁や世界銀行では、援助プロジェクトの財務分析や経済分析がなされ、より効率的で効果的なガバナビリティを得るための費用対効果が計算された。

　行動主義の波を自由主義陣営に特有なものとする見方は正しくない。社会主義陣営においても、社会主義経済の計算は可能であるのかという論争が1920年代からあった。スターリン(Joseph Stalin, 1879-1953)の死後に再燃したこの論争で、全国に張り巡らされた大型コンピュータ網を駆使して計算すれば、計画中枢のガバナビリティは上がると社会主義経済学者は主張した。これに対してハイエク(Friedrich A. Hyek, 1899-1992)は、理論的にはそれが成立したとしても、実際には計算できないとし、市場価格の動きの方が分散した情報をうまく集約できていると主張した。

1960年代の「科学的」ガバナビリティに対する行動科学主義の楽観は、1970年代以降の国際関係の現実によって砕かれたと言ってよいだろう。代わって、アメリカのベトナム戦争からの撤退、「国連開発の10年」の失敗、社会主義体制の行き詰まり、石油輸出国機構(OPEC)による石油資源戦略の発動やブレトンウッズ体制の崩壊などの現実を説明するために、構造主義の立場が台頭してくる。簡単に言えば、ガバナビリティを効果的に発揮できなかった原因は自分たちの哲学や政策や方法論が悪かったわけではなく、自分ではどうにもすることのできない構造に原因があったとする立場である。社会構造に説明の源泉を求めた人類学者レビ=ストロース(Claude Levi-Strauss, 1908-)以来の現代構造主義は国際関係学にも大きな影響を与えたが、何が社会構造であるのかについてはそれぞれのイデオロギーや方法論によって異なっている。ネオ・リアリズムにとってはパワーの配分構造であり、ネオ・リベラリズムにとっては問題領域や制度の構造であった。ネオ・マルキシズムにとっては世界システムの中心・周辺構造であった。

4　第3論争とガバナンス

　1970年代におけるブレトンウッズ体制の崩壊を経て、冷戦体制も崩壊し始めた1980年代後半あたりから、構造主義の時代が転機を迎える。構造主義では、アジア新興工業国の経済成長や冷戦構造の終結を十分に説明することができなかったからである。国際関係学の第3論争では、なぜ構造主義が冷戦の終結を予期できなかったのかという反省も踏まえて、そのメタ理論的なレベル、つ

まり理論の前提が疑われた。科学哲学でいう存在論や認識論についての議論が焦点となっている。存在論と認識論は、それぞれ国際関係学の分析単位と分析レベルにも関連している。分析単位とは何が存在しているのかという問題であり、分析レベルというのは説明要因がどこに存在すると認識されるかという問題である。構造主義の影響を受けたネオ・リアリズムやネオ・リベラル制度主義では、国際システムのレベルにおける構造が説明要因として認識されている。しかし、分析単位については、ネオ・リアリズムでは国家主体が相変わらず重視されるのに対して、ネオ・リベラル制度主義では国家をはじめ多国籍企業(MNC)や非政府組織(NGO)など多様な主体が想定されている。ポスト構造主義、ポスト・モダニズムの流れのなかで構造主義への批判理論として台頭しつつある構成主義／構築主義の立場では、主体の存在や間主観的な認識が再評価され、主体と構造によってダイナミックに構成／構築される規範や制度の構造化の文脈でガバナンスが議論される(上野 2001)。

アメリカを中心とする先進諸国から見ると、ブレトンウッズ体制の崩壊や「石油ショック」に象徴される70年代の世界は「危機」的な状況だった。第2次世界大戦後の国際政治経済体制が揺らいだ原因を、ネオ・リアリズムの立場は国際システムにおけるパワー配分の構造変化にあるとした。ネオ・リアリズムの立場にも、軍事的安全保障を重視して二極構造が安定するとするウォルツ(Kenneth Waltz, 1924-)や、政治経済を射程に入れて覇権国一極による構造が安定するというギルピン(Robert Gilpin, 1930-)のような立場があった。悲観的な覇権安定仮説からすれば、覇権国が国際

公共財を提供する意志と能力があれば国際システムのガバナンスが保たれるが、覇権の衰退に伴って国際秩序は混乱し、やがて覇権戦争のサイクルのなかで第3次世界大戦が起こる可能性さえ指摘された(Gilpin 1981)。

しかし、80年代の国際状況は覇権安定論者が想定したほど不安定化せず、むしろ比較的安定したものとなった。なぜ覇権安定仮説の予想通りにならなかったのか。リアリスト・パラダイムにおける覇権国によるガバナンス論への批判としては、多極化する世界のなかで、優れた外交リーダーの政治手腕によって勢力均衡を保たれたのだとする古典的リアリズムを再評価する説明や、「新冷戦の時代」を強調して二極安定論に依拠するものがあった。新しい制度論からの批判としては、先進主要国サミットをはじめとする国際レジームの存在によって1980年代以降のガバナンスを説明する国際レジーム論が登場した(山本 1996)。クラズナー(Stephen Krasner, 1942-)のように、ネオ・リアリズムの立場をとりながらも国際レジームの役割を認識するネオ・リアリスト制度論者によれば、覇権国アメリカのパワーが衰退しても、覇権国が提供した国際レジームが存在したので秩序は一時的に保たれたのだと説明した(Krasner 1985)。しかし、覇権国のパワーが衰退し続ければ国際レジームもやがては崩壊してゆくだろうという見解をとった。

覇権国のパワーを強調するネオ・リアリズムも、覇権国が提供した国際レジームを良性のものと前提としている場合には、規範的にはリベラルである。コヘイン(Robert Keohane, 1941-)らによるネオ・リベラル制度論では、覇権が衰退した後でも、諸国家は既に設立されている国際レジームに従って協力でき、利益を確保し

てゆくことが可能であると考えた(Keohane 1984)。クラズナーが国際レジームの覇権サイクルを引き延ばすことによって覇権安定仮説を擁護したのに対して、ネオ・リベラル制度論は国際貿易、国際通貨、国際石油といった問題領域の制度的構造を精緻化することによって国際レジーム論を展開した。物質的な利益を説明要因にしたこの立場は、覇権衰退後もガバナンスが可能であるとした点ではネオ・リアリズムとは異なるが、国際レジームの形成については国際公共財を提供できる覇権国の存在を暗黙裡に認めており、その意味ではネオ・リアリスト制度論の立場と大差ない。

ネオ・マルキシズムの立場からは、フランク(Andre G. Frank, 1929-)らの従属論やウォラーステイン(Immanuel Wallerstein, 1930-)の世界システム論が、アメリカ中心の覇権や国際レジームは搾取的で悪性のものだと批判する。階級や中心・周辺構造を分析単位とし、弁証法的な方法論をとる点においてはネオ・リアリズムと異なるが、パワー構造を説明要因としている点では共通する認識もある。

1980年代までは、ネオ・リアリズムやネオ・リベラル制度主義の有力な対抗理論は、ネオ・マルキシズム的な従属論や世界システム論だったが、90年代に入ると、冷戦の終結やその他の構造変化を説明しようとする構成主義／構築主義が台頭してきた。構成主義は物質的なパワーや利益を重視した構造主義や唯物論的なマルキシズムを超え、むしろ非物質的な上部構造としての意識に着目したグラムシ(Antonio Gramsci, 1891-1937)の見直しから始まるネオ・マルキシズムに近い。しかし、ウェント(Alexander Wendt, 1966-)によれば、構成主義と構造主義の違いは、構造主義が存在論的あるいは認識論的に構造に説明の源泉を求めているのに対して、構

成主義は主体と構造とは存在論的に見て同等の地位を持つ（Wendt 1987）。つまり、主体の新しい理念や知識が新しいガバナンス構造を規定し、新たなガバナンス構造が再び主体の行動を規定してゆく構造化プロセスを重視する。例えば、冷戦が終結した大きな理由として、当時のゴルバチョフ（Mikhail Gorbachev, 1931- ）ソ連邦大統領の「共通の安全保障」といった新思考外交の理念に求める。意味解釈論的に冷戦後の経済秩序を捉えたラギー（John G. Ruggie, 1944- ）は、第2次世界大戦後の「組み込まれた自由主義」の理念が危機にあるのだと言う。

この危機に対して、覇権国や世界政府がなくても国家や国際機関によるインフォーマルなガバナンスが可能だとする立場が1つある。ローズノー（James N. Rosenau, 1924- ）とチェンピール（Ernst-Otto Czenpiel, 1927- ）は、多数によって間主観的に受け入れられたルールの体系であるとした（Rosenau and Czenpiel 1992）。ヤング（Oran R. Young, 1941- ）は社会制度の形態としてガバナンス・システムを想定した（Young 1994, 1997）。いずれにしても、特定の問題領域で成立する国際レジームよりも広い領域を対象とする概念である。

これに対して、非国家主体によるトランスナショナルなガバナンスが可能だとする立場もある。冷戦後に顕在化してきた地球環境に関する国際レジームの形成要因として、ハース（Peter Haas, 1955-）らは新たに発見された科学的知見などを共有する「認識共同体」の存在に求める。こうした科学知識が市場社会における営利追求をする企業ネットワークによって使用されて、先進国や国際機関が広めた新自由主義的なイデオロギーと政策と制度化を、経済的にも政治・軍事的にも支配階級が監視しているという見方

もある (Stephen Gill, 1950-)。いわばグローバル・コーポレート・ガバナンスである。あるいは、専門家や企業家といったエリート集団ではなく、市民社会における代替的な価値観を共有するNGOネットワークの監視による、人道にかなったグローバル・シビル・ガバナンスを求めるフォーク (Richard Falk, 1930-) らの立場もある (Falk 1995)。

5　グローバル・ガバナンス論の課題

　国際関係学のパラダイム間論争から振り返ると、グローバル・ガバナンス論は個別主体の自律性を保ちながら全体の利益を考慮する分散協調が規範的に望ましく、理論的にもそれは可能だとする立場をとっている。方法論的には、実証主義の立場も意味解釈論の立場もとりうる。また、存在論や認識論のレベルでは構成主義／構築主義の影響を大きく受けている。このような特徴を持つグローバル・ガバナンス論の課題は何なのだろうか。

　グローバル・ガバナンス論への批判には様々なものがある。アナーキー状態や国家や政府の役割を重視するリアリズムやネオ・リアリズムの立場からすれば、グローバル・ガバナンスはナンセンスかもしれない。国際制度による秩序維持を認めるネオ・リアリズムにしても、そうした国際レジームは、覇権国によって強制的に、あるいは大国群の協調によって作られた新たなヒエラルキーに過ぎないと考えるだろう。多様な主体の理念やネットワーク装置も、結局は覇権国あるいは先進諸国の支配階級の利益にかなうものだというネオ・マルキシズムの立場からすれば、グロー

バル・ガバナンスは搾取を偽装しているグローバル・コーポレート・ガバナンスに過ぎないと見えるかもしれない。グローバル・ガバナンス論のベースの1つとなっているリベラリズムのなかにも、正式な民主主義の手続きを経ることなしに、多国籍企業や市民社会組織が政策決定に関与しうるグローバル・ガバナンスには正統性がないと危惧する立場もある。こうした批判に反駁し、なおかつ現実に起きている現象を説明できる効用がなければグローバル・ガバナンス論に未来はない。

　少なくともグローバル・ガバナンス論の効用は、認識や存在として「インターナショナル」や「ワールド」ではなく「グローバル」という概念を使うことによって、あるいは「ガバメント」や「ガバナビリティ」よりも「ガバナンス」という言葉を使うことによって、新しく起こりつつある現象をよりよく説明でき、また多様な主体にとって政策的な指針を得ることができるのではないかと思う。国際政治学で言う「グローバル・ガバナンス」は、国際経済学では「地球公共財」と呼ばれることもある (Kaul, Grunberg, and Stern 1999)。いずれにしても多様な主体によるガバナンスは、**図2**のように展開している。国家ヒエラルキーを保つ方向としては、主権国家群による国際主義(インターナショナリズム)と、一部の主権を上位の国家主体に委譲する超国家主義(スプラナショナリズム)がある。また、下位の国家主体への権限委譲はサブナショナリズムである。これに対して、非国家主体が主導する脱国家主義(トランスナショナリズム)がある。企業・市場社会、NGO・市民社会、科学者・認識共同体などが主要な非国家主体であるが、それぞれにグローバリズムやローカリズムの方向性もある。いずれもナショ

44　第2章　国際関係学ディベート

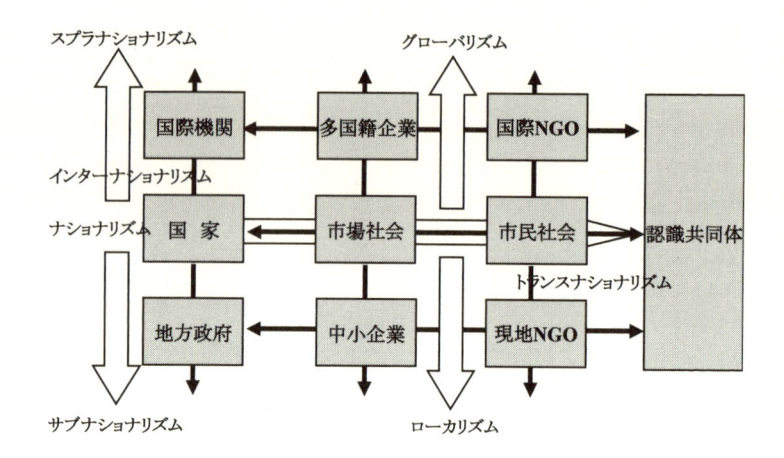

図2　ガバナンスの展開方向

（図中ラベル：スプラナショナリズム／グローバリズム／インターナショナリズム／ナショナリズム／トランスナショナリズム／サブナショナリズム／ローカリズム／国際機関／多国籍企業／国際NGO／国家／市場社会／市民社会／認識共同体／地方政府／中小企業／現地NGO）

ナリズムの限界をナショナルなものの外部へと展開することによって打開しようとする方向である。これらは、内部に閉鎖していった極端な国粋主義(ウルトラナショナリズム)と対比することができる。

　国際関係学としてのグローバル・ガバナンス論が抱える理論的課題は数多いが、因果関係から捉えると3つの課題に集約できよう。第1は、グローバル・ガバナンスを従属変数(**コラム2**)としたときに、グローバル・ガバナンスがどのように生まれ、何がそのグローバル・ガバナンスの存在あるいは欠如を説明するのかという課題である。説明変数(**コラム2**)としては、覇権国あるいはいくつかの大国のパワーなのか、それとも大国を中心とした国家や

企業や NGO の利益によって決まるのか、あるいはエリート集団やグローバル市民社会の知識や理念なのだろうか。第2は、グローバル・ガバナンスを仲介変数(**コラム2**)と見るときに、主体はどのようなときにどの程度グローバル・ガバナンスの影響を受けて行動し、どのようなときにグローバル・ガバナンスとは関係のない行動をとっているのかという現在的な問題である。第3は、グローバル・ガバナンスを説明変数と見たときに、主体や構造はどのようにグローバル・ガバナンスの影響を受けてゆくのかという今後の課題である。

　これらの設問に答える形で、以下の章では平和と安全保障、人権と民主化、通貨と金融、貿易と投資、地球環境の分野を見てゆくことにする。

コラム２：国際レジーム論とグローバル・ガバナンス論

　レジーム(regime)とは、もともと政治・社会の体制を指す言葉である。例えば、「アンシャン・レジーム」は、革命前のフランスにおける絶対主義の旧体制のことである。国際関係学における国際レジーム(国際体制)概念は、1970年代にラギーやコヘインらが問題領域ごとの国際協力を分析するために使い始めた。1980年代にクラズナーは、国際レジームを「特定の問題領域において主体の期待が収斂する、暗黙的あるいは明示的な原則、規範、規則、政策決定手続のセット」と定義した。理論的に国際レジームの形成を説明する際には従属変数(説明されるべき国際現象)として扱われ、形成された国際レジームによって国際現象を説明する際には説明変数(国家などの主体に影響を与える独立変数、あるいは独立変数と従属変数の中間に介在する仲介変数)として扱われた。

　グローバル・ガバナンスは、領域横断的で多様な主体の関与を想定したより広範な概念である。国際レジームが石油や通貨や貿易などの個別の問題領域における国家主体を中心とする体制であるのに対して、グローバル・ガバナンスは通貨と金融、貿易と投資、環境と開発というように領域横断的に影響を与えている。その展開過程には国家主体だけでなく非国家主体も重要な主体として関与している。また、国際レジーム論がレジーム形成、レジーム維持、レジーム衰退というサイクルを想定していたのに対して、グローバル・ガバナンス論はダイナミックな歴史のトレンドを重視している。理論的にはグローバル・ガバナンスも説明変数、従属変数、仲介変数として捉えることができる。

第3章　平和と安全保障の
　　　　　ガバナンス

1　進化する脅威への対応と平和

　身体に物理的パワーが加えられると人間は動く。意思に反して身体に物理的パワーが加えられ続けると、人間は脅威を感じる。こうした現象が繰り返し続くと、恐怖の記憶が蓄積されてゆく。脅威を与える暴力に対抗するために、最初にとられる試みが自らの物理的パワーで対抗する方法である。これが自己防衛である。身体的能力には限界があるが、火の使い方を発見した人間は、銃や武器を作った。武器を使用しても個人や仲間を十分には守れないことが分かると、個人の生命や財産を守るためにパワーを集中させた政府を作り上げた。これが、ホッブズやロックやルソーの説明であった。集中させたパワーを絶対的なものにするか限定的なものとするかの違いはあったが、脅威から個人の安全や社会の治安が確保されるべきであり、またそれは可能であるという前提があった。

　こうしたパワーを持つ政府が出現すると、あたかも国家が1人の人間であるように擬人化された。その国家が外部からの脅威に対処するために安全を確保しようとするのが国家安全保障である。国家安全保障の最初の形態は、国内での個人の自己防衛と同

様に、個別的自衛であった。しかし、軍事分野での革命的進歩(RMA)や不均等な経済発展によって相対的なパワーの差が生まれ、一国の個別的自衛(コラム3)では外的な脅威が拭い切れなくなった。

そこで集団的自衛が出現した。個別的自衛権や集団的自衛権という国際法上の概念が明文化されたのは20世紀になってからのことであるが、国際政治の歴史的な現象としてはかつてから存在したのである。こうして、しばらくは外的脅威に対処するための同盟による国家安全保障の時代が続く。しかし、やがて大量殺戮兵器など新たな軍事技術革命を伴った世界規模での戦争が起こると、犠牲者数は空前の規模を記録した。第1次世界大戦の推定犠牲者は2600万人、第2次世界大戦では5000～6000万人と言われる。これまでの個別的自衛や集団的自衛だけでは世界戦争の再発が懸念された。

そこで世界戦争を回避するために、世界全体が一国のために共同対処するように国際法を整備することによって生まれたのが集団的安全保障(コラム3)の試みである。しかし、国際連盟や国際連合の集団的安全保障制度は現実には期待されたように機能しなかった。そのため、集団的安全保障から逆戻りして従来の国家安全保障を高度化する流れと、集団的安全保障と同様に脅威を内部化したまま、必ずしも法的措置だけに頼らずに積極的に平和を構築してゆこうとする流れが生まれた。前者の流れは、冷戦期のNATOやワルシャワ条約機構による核兵器体系を高度化した同盟体制である。後者の流れは、冷戦期の欧州安全保障協力会議(CSCE)や冷戦後の欧州安全保障協力機構(OSCE)の例に見られる

「共通の安全保障」や「協調的安全保障」となる。

　こうした国家防衛や国際安全保障の進化とともに、平和についての認識も変化してきた。戦争のない状態を指す「消極的平和」だけでなく、ガルトゥング（Johan Galtung, 1930-）が指摘した、社会的不正義や構造的暴力のない状態を指す「積極的平和」の概念が取り入れられるようになっている。もともと個別的自衛は一国による消極的平和を目指したものである。集団的自衛は国際レベルで消極的平和を求めていた。相互に武力攻撃をしないことを前提に、違反国には集団で対処しようとした集団的安全保障も、世界レベルでの消極的平和を目指していたが、同時に経済社会分野での集団的対処も始めていた。これに対して協調的安全保障は、様々な概念の接合によって積極的平和を再構成している。軍事的な脅威に経済社会分野や環境分野における脅威を接合すると、「総合的安全保障」となる。国家安全保障にグローバル社会や個人のレベルの安全保障を接合すると、「グローバル・セキュリティ」や「人間の安全保障」という概念となる。このような安全保障の再定義は、国家主体だけでなく多様な非国家主体によって再構築される協調的プロセスのなかで実践されている。その実践は、従来の個別的自衛、集団的自衛、集団的安全保障の制度にも影響を与え、それぞれの枠組みでの平和概念の再定義の動きも見られようになった。なかでも集団的安全保障においては、「創造的平和」や「構築的平和」と呼べるような積極的平和の状態だけでなく、そのプロセスを見直す動きが活発である。

　「協調的安全保障」は、コミュニケーション・ネットワークの再構築によって、国家安全保障と国際安全保障を内包する新たな安

全保障ガバナンスのあり方を模索している。協調的安全保障がこれまでの安全保障に取って代わるというよりも、それらを重層的に取り込んでそれを脱構築している段階であるように見える。しかし、構成的平和や協調的安全保障が有効に展開できない場合、伝統的な国家安全保障が支配的な世界へ逆行してゆく可能性もある。新しい動きを効果的なグローバル・ガバナンスへと構造化させてゆくためには、これまでの国家安全保障や国際安全保障の制度もより協調的なものへと転換させてゆく必要がある。どうすれば、それが可能となるのかを明らかにするためにも、様々に進化してきた脅威への対応の規範や制度がどのように生まれ、なお残存しているのかを把握しておくことが重要である。

2 個別的自衛と一国平和

　個別的自衛の原則は、どのように形成されて認知されてきたのか。国際法における個別的自衛権の概念は、国際連合憲章第51条において、集団的自衛権とともに集団的安全保障との関連で初めて明示的に定められた。しかし、第1次世界大戦後のパリ不戦条約(1928年)の交渉に際しても、自衛のための戦争は対象に含まれないことが表明されていたと言われる。自国が対外的な脅威にさらされたときに自国の武力で防衛することは、既に古代ギリシア時代の都市国家でも見られたし、17世紀半ばにウェストファリア会議で成立した主権領土国家で構成される近代国際社会のガバナンス原理でもあった。絶対主義国家による国内での権力ヒエラルキーの完成が、アナーキーな国家間社会での自衛戦争を正当化す

ることになったと考えられる。自国の武力といっても、17世紀の絶対主義国家が設置した常備軍の多くは傭兵によるものだった。これが18世紀のフランス革命を経て、名実ともにナショナルなものとなってゆく。初めて国民徴兵制を実現したのはナポレオン (Napoleon Bonaparte, 1769-1821) だと言われる。国民が戦闘員として参加しただけでなく、非戦闘員までもが広く巻き込まれた全体戦争になったのは第1次世界大戦のことである。

　現在でも個別的自衛権が基本的な規範として、厳然と広く認められているのはなぜだろうか。消極的な要因としては、集団的自衛や集団的安全保障が効果的に機能してこなかったからである。積極的な要因としては、個別的自衛がナショナリズムと結合しているからであろう。ナショナリズムはフランス革命による産物だが、個人がアイデンティティを求める欲求は歴史的変革期に繰り返し見られた。政治的には、宗教戦争を経て世俗化が進展した時代には、神から国家へと忠誠が向けられた。封建国家が崩壊した時代や帝国が分裂した時代には、ナショナリズムの空間的範囲が拡大・縮小した。そして現在は、冷戦期に支配的であった自由主義と社会主義という2つのインターナショナリズムによって抑えられていたナショナリズムが再び台頭し始めている。テイラー型分業による生産過程の近代化、分業に機械化が加わったフォード型生産様式による工業化・都市化、そして現在は情報化によるグローバル化の波のなかで、分断された個人が自己のアイデンティティを求めて自己防衛本能を働かせているのかもしれない。政治経済的な発展をある程度達成した国家のナショナリズムは、多民族国家であっても開放的なシビック・ナショナリズムとなる可能

性があるが、様々な理由によって政治経済的な発展を成し遂げていないところでは、排他的なエスニック・ナショナリズムが意図的に動員される傾向がある。

個別的自衛が強く主張され実践されるのは、以上のような条件が重なったときである。民主主義国家間では戦争は起こらないとするデモクラティック・ピース論は、アメリカ的な自由民主主義を前提とするシビック・ナショナリズムの発露であろうが、その実践としての一方的な「民主化」政策や武力行使は、かえって対象国の防衛的反応を招いて紛争の原因となりかねない。インドとパキスタンへの核兵器の水平拡散は、経済のグローバル化が進むなかでエスニック・ナショナリズムが領土問題、民族問題、宗教対立などと結びつけられたからである。核兵器不拡散条約（NPT）体制において、五大国だけが核保有を許されている不平等や、核保有国の「誠実な核軍縮」が進展しないという非民主的な構造が存在するからこそ、不満国の単独主義的な決定が「個別的自衛」の名の下に正当化されてしまう一面もある。

しかし、個別的自衛の限界は深刻である。まず、軍事的な防衛を追求することと国家安全保障を追求することにはもともと矛盾がある。ブザン（Barry Buzan, 1946- ）は、これを「防衛ジレンマ」と呼んだ（Buzan 1991）。例えば、限られた国家財政においては、防衛費にコストをかけることが、経済・社会開発や環境保全という他の国家安全保障の目的達成とトレード・オフ関係にある。インターネット技術のように、もともとは防衛のための技術革新が民間部門の発展にも生かされることもあるが、基本的に顧客が政府しかいない軍事産業では、武器は市場価格よりも高いコストで政

府調達されがちであるとも言われる。このため不要なコストを国民経済に負わせる可能性がある。また、自己防衛のためのリスクが、対処すべき脅威を上回っていることもある。とりわけ核・生物・化学兵器という大量殺戮兵器の出現によって、ハイテク防衛の技術開発が、想定される脅威に追いつかなくなっている可能性がある。さらに政治的には、自衛のために秘密外交や国民の自由制限をしなければならない場合には民主化の流れにも矛盾する。

もう1つは、ハーツ(John Herz, 1908-)が「安全保障ジレンマ」と呼んだ矛盾である。ある国が個別的自衛や国家安全保障のために軍事力を増強することが、他国によって脅威と認知されてその軍事力増強につながる。この軍拡競争によって、ますます自国の国家安全保障が危険になるという矛盾である。冷戦期の米ソ間の核軍拡競争だけでなく、冷戦後の世界においてもインドとパキスタン間、イスラエルとアラブ諸国間の軍拡競争がこのジレンマに陥っている。

こうしたジレンマから脱出する戦略が、集団的防衛や集団的安全保障だったわけであるが、個別的自衛が依拠する単独主義の路線を新しいグローバル・ガバナンスの協調原則に近づけていくことはできるのだろうか。専守防衛や一方的軍縮、さらには単独的な人道的介入など、目的が単独主義的手段によって正当化されてしまう議論がある。例えば、アメリカの本土ミサイル防衛(NMD)や日本の弾道ミサイル防衛(BMD)は、専守防衛にこそふさわしい構想であるという主張がある。たしかに、「攻撃」ではなく「迎撃」するのは個別的自衛の理念にかなっているし、これと抱き合わせのミサイル削減も「一方的軍縮」のようにも見える。しかし、

「ならず者国家」との国家間戦争を前提とした個別的自衛の高度化は、内戦や国際テロリズムへの対応には必ずしも有効ではない。また、かつてレーガン(Ronald Reagan, 1911-2004)政権が推進しようとした戦略防衛構想(SDI)と同様に、莫大な研究開発コストをかけることや、実現可能性への疑問は防衛のジレンマを解消し切れていない。また、弾道弾迎撃ミサイル(ABM)条約やミサイル輸出管理レジームといった、これまで国際社会が時間をかけて築いてきた軍縮・軍備管理の協調体制を崩壊させては、相互的な軍縮や緊張緩和を誘導してゆくとは考えにくい。さらに、NMDと同盟国の領域での戦域ミサイル防衛(TMD)との一体化によるミサイル防衛(MD)は、個別的自衛と集団的自衛の概念を危機管理の面から再定義を迫ることになるだろう。

3　集団的自衛と国際平和

　個別的自衛の限界を乗り越えるためにとられたリアリスト的な政策が集団的自衛である。ダンバートン・オークス会議(1944年)で想定されていた「地域的集団的安全保障」は、サンフランシスコ会議(1945年)で「集団的自衛」に読みかえられた。集団的自衛権は個別的自衛権と一緒に国連憲章に規定された。ここでの集団的自衛は安全保障理事会が必要な措置をとるまでの限定的なものとされたが、冷戦によって安全保障理事会が機能しなくなったときの対処をとる根拠となった。NATOやワルシャワ条約機構がその典型であるが、主権国家が同盟を組んで勢力均衡を追求し、実際に他国を防衛することは第1次世界大戦前から見られた現象であ

る。第1次世界大戦を導くことになったドイツ・オーストリア・イタリアの三国同盟とイギリス・フランス・ロシアの三国協商は、同盟国に外部から武力攻撃があったときには同盟国が合同で防衛することを前提とした集団的自衛であったと言える。

　事実上の近代的な集団的自衛が19世紀に生まれたのはなぜだろうか。二極的な集団的自衛が構造化される前のウィーン体制においては、「ヨーロッパの協調」と呼ばれた比較的平穏な時期があった。対外的には、イギリス・フランス・プロシア・オーストリア・ロシアの五大国は、多極構造のなかで、ナポレオンのフランスのような覇権国を再び生み出さないように、イギリスがバランサーとなって均衡を保持した。また、国内では各国が革命勢力の台頭を抑止したいとの認識が共有されていたと言われる。それは、内外の脅威を共通認識していたから保持された消極的な国際平和であった。積極的平和でなかったのは、ヨーロッパ外ではアフリカやアジアへの植民地分割など搾取的な行為が国策として行われたことに表れている。しかし、内外にヒエラルキー構造を持った大国による勢力均衡は、ロシアなどの不満勢力の台頭によって次第に崩壊し、二大勢力による集団的自衛体制へと移行してゆくことになった。

　20世紀にも集団的自衛が一般的となったのは、冷戦によって集団的安全保障が機能しないと見込まれたからであるが、国連安全保障理事会の五大国による拒否権が法的にも確定して、勢力均衡による抑止を誘発する環境が整った面もある。通常兵器による抑止概念は古くからあった。19世紀ヨーロッパの勢力均衡策も、個別的自衛だけでは払拭できない仮想敵国の軍事的脅威を事前に抑

え込む、あるいは事後的な報復を認識させることを目的としてとられた行為である。個別的ではなく集団的に抑止行動をとるのは、仮想敵国を包囲してメッセージを確実に伝えようとする政治心理的要因や、軍事技術革新の研究開発コストを分散させるという経済的要因が働くからである。しかし、20世紀半ばの軍事技術革命による核兵器の出現は集団的自衛を特殊な方向へと導いた。たまたま五大国が核保有国となったが、集団的自衛が強化されていったのは核抑止論の展開と関連している。

勢力均衡による19世紀の「ヨーロッパの協調」と同様に、核抑止による20世紀冷戦期はギャディス（John L. Gaddis, 1941-）が「長い平和」と呼ぶように、大国間の消極的な国際平和を維持したという意味においては成功であったと見られる。しかし、2つの集団防衛組織が相互に核抑止戦略を採用したため共倒れの危険性が生まれ、核抑止のジレンマに陥った。核戦争の瀬戸際までいったキューバ・ミサイル危機（1962年）を経て、60年代末から70年代初頭までに、大陸間弾道ミサイル（ICBM）や潜水艦発射弾道ミサイル（SLBM）などによる第2撃能力を米ソ両国がそれぞれに持つようになり、相互確証破壊（MAD）と呼ばれる核の手詰まり状況が生まれたのである。部分的核実験禁止条約（PTBT）、核兵器不拡散条約（NPT）、米ソ戦略兵器制限条約（SALT）、米ソ中距離核戦力（INF）廃棄条約などの一連の軍縮・軍備管理条約も締結されたが、核抑止のジレンマを解決していない。

さらに20世紀の集団的自衛体制は、防衛のジレンマや安全保障のジレンマという従来の矛盾も解決できなかった。大国間における核抑止はある程度機能したとしても、中小国においては集団的

自衛の犠牲となるケースがしばしばあった。相対的に弱い同盟国が強い同盟国によって防衛される場合、弱小国の安全保障レベルは上がるが強大国からの政治軍事的な自律性は低くなる。同盟にとっての仮想敵は理論的には外部に存在するのだが、日米同盟についての「びんの蓋」論のように、同盟国自体が潜在的に脅威となる可能性がある場合には、その脅威を同盟内部に意図的に取り込んでその自律性をコントロールする効果もあるのである。こうした集団的自衛の矛盾を顕在化させたのがワルシャワ条約機構軍によるチェコスロバキア事件(1968年)やソ連軍によるアフガニスタン侵攻事件(1979年)、アメリカ軍によるベトナム戦争介入やレーガン政権によるニカラグアでのコントラ支援などである(佐瀬 2001)。

集団的自衛の矛盾は強大国にも影響を与える。同盟の締結によって強大国の政治的、軍事的な自律性は高まったとしても、様々なリスクを負って同盟国を防衛しなければならない分だけ自国の安全保障のレベルが低下すると考えられている(福島 1998)。冷戦期における軍拡競争がエスカレートすると同盟国全体での経済的コストの負担が増大した。冷戦体制が崩壊した1989年の世界における軍事支出は史上最高のレベルに達していた。とりわけ旧ソ連においては、コスト増大による防衛ジレンマを解決できずに冷戦体制を内部から崩壊させていった面がある。

冷戦が終結するとワルシャワ条約機構は解消されたが、NATOは消滅しなかった。抑止の仮想敵を失ったNATOが中央ヨーロッパの旧ワルシャワ条約機構加盟国に拡大してゆく際には、ロシアの反民主勢力の復活を抑止するという議論があった。あるいは、

NATOの拡大は「ならず者国家」という新たな仮想敵を作り出そうとしているようにも見える。さらに、ポーランド、チェコ、ハンガリーなどの移行経済国は、NATO加盟によって軍事コストの負担軽減を期待していたのかもしれない。

国際機構としてのNATOは残存したが、集団的自衛の概念や実践は変容を始めている。冷戦後は集団的自衛が想定した国家間戦争よりも国内紛争やボーダーレスなテロリズムが顕著となっているからである。こうした新しい脅威に集団的自衛がどの程度効果的であるかは疑わしい。抑止は仮想敵国による合理的な行動を前提としているが、国家自体が破綻する状況では仮想敵の特定が困難であるし、エスニック・ナショナリズムに煽動される場合は合理的な判断がとられるか疑問である。

集団的自衛機構をグローバルな安全保障の協調的な取り組みにつなげてゆくには、脅威の内容を再定義して「同盟の進化」(船橋2001)を促すことが重要だろう。軍事的脅威については、エスニック集団やテロリスト集団など非政府主体への兵器拡散の未然防止や危機管理をまず考えてゆく必要がある。また、非軍事的な領域での脅威についても合同で対処してゆく仕組みを考える必要がある。もう1つは、集団的安全保障機関や協調的安全保障機関との関係を再構築することである。旧ユーゴスラビアのコソボ紛争へのNATO軍による介入では、国連安保理決議によらない領域外作戦が一方的にとられたが、事後的な承認では全体としての協調性が低下する。人道的介入自体の是非については間主観的なコンセンサスは生まれつつあるようだが、国連安保理決議なしでの介入については構造化されていない。むしろ、現在ではNATOの領域

外作戦は国連や OSCE の要請を前提するようになった。NATO 軍のような実戦訓練がなされてきた集団的自衛組織は、紛争が起こってからにわかに編成される国連の平和強制部隊よりも実効性が高いというメリットがある。集団的自衛組織と集団的安全保障組織や協調的安全保障組織との連携が構造化されてゆくかどうかは、安全保障におけるガバナンスにとってきわめて重要である。また、NATO の拡大にあたっては、北大西洋理事会(NACC)や平和のためのパートナーシップ(PFP)など旧ワルシャワ条約機構諸国との対話フォーラムが設置されたが、こうした集団的自衛組織自体の協調的安全保障化も注目される。

4　集団的安全保障と世界平和

　集団的安全保障の理念と制度化は、全面戦争となって甚大な犠牲者を出した第1次世界大戦後に、世界戦争を回避し世界平和を達成するために生まれた。国際連盟規約やロカルノ条約で、世界的あるいは地域的な集団的安全保障の枠組みが試みられた。パリ不戦条約では、加盟国相互間では武力行使せず平和的解決することを法的に保障した。そのうえで違反国に対しては、国際法的拘束力を持つ制裁が集団的に加えられる。集団的安全保障も合理的な行動を前提とする点では集団的自衛や抑止論と違いはない。しかし、集団的自衛では同盟国間の部分的な国際平和がまず想定されるのに対して、集団的安全保障は全体的な世界平和が先に想定される。また、集団的自衛が同盟の外に存在する仮想敵による軍事行動を抑止によって思いとどまらせようとするのに対して、集

団的安全保障はシステム内に発生する紛争を世界全体で対処するところに違いがある。国連憲章ではいくつかの段階が明示され、最終的には軍事制裁を加える国連軍が想定された。国際紛争の「平和的手段による解決」(第6章)が規定される一方で、それでは不十分であるときには経済制裁や軍事的措置(第7章)をとることができると規定されている。国連憲章において集団的安全保障が成立したのは、逆説的であるが、集団的安全保障とともに個別的自衛権と集団的自衛権を認める共通認識があったからであろう。安全保障理事会の存在と矛盾しない地域的取極(第8章)による紛争解決も認めている。つまり、既存のガバナンス原理を取り込むことによって、最終的には集団的安全保障の軍事制裁にいたる強要の段階的適用がデザインされたのである。

　しかし、集団的安全保障体制が成立しても、加盟国がいつもこのデザインに従って行動するわけではなかった。国際連盟には、提唱国アメリカが加盟しなかった。連盟の常任理事国だった日本、ドイツ、イタリアが脱退すると、集団で制裁する意思も能力もなくなった。日本による満州事変、イタリアによるアビシニア(エチオピア)侵攻、ドイツによるラインランド進駐、オーストリアとチェコスロバキアへの侵攻に、集団的安全保障はほとんど機能しなかった。国際連合でも、侵略行為を特定して強制措置を決定する責任と権利を負う安保理常任理事国間で、合意や協調がほとんど成立しなかった。国連憲章第7章に規定された安保理決議による強制措置は、冷戦期においては朝鮮戦争での軍事的措置と白人少数政権によるローデシア独立や南アフリカのアパルトヘイトに対する経済的措置ぐらいである。朝鮮国連軍は国連憲章第43条

が規定する特別協定の締結によるものではなかったので、正規の国連軍は一度も編成されていない。

　国連憲章に基づく集団的安全保障は機能しなかったが、国連憲章には明示されていない措置として平和維持活動(PKO)が生まれた。PKOは、当事者による紛争の平和的解決を規定した憲章第6章と集団的に強制措置をとることを規定した憲章第7章の中間的存在として、「第6.5章の活動」と呼ばれることがある。PKOは紛争当事者の停戦合意後に、あくまで中立的立場で軍事監視(後にはシビリアン要員による選挙監視なども)を行い、非武装(監視団)あるいは軽武装(平和維持軍)で自衛の範囲でのみ武力行使するという3原則がある。第1世代のPKOと呼ばれるこのような活動は、1948年にイスラエル軍とアラブ軍の停戦監視のために設立された国連停戦監視機構(UNTSO)が最初であると言われる(明石1998)。1956年のスエズ危機の際には、朝鮮戦争時に機能しなかった安保理に代わって、「平和のための結集」決議による緊急国連総会が召集された。ここでカナダのピアソン(Lester Pearson, 1897-1972)首相やハマーショルド(Dag Hammarskjold, 1905-61)国連事務総長によって実現された国連緊急軍(UNEF)が最初の平和維持軍である。

　冷戦の終焉は安保理常任理事国による拒否権の発動の可能性を低下させ、国連の集団的安全保障への期待を高めた。1990年代前半の湾岸戦争や旧ユーゴスラビア内戦をはじめとして、国連憲章第7章に規定された国連安保理決議に基づく制裁行動を増加させてゆく(Mingst and Karns 1995)。とりわけ、軍事要員による停戦監視だけではなく、選挙監視や難民帰還などのシビリアン要員の派遣が増えてPKO活動が多面化した。92年には当時のガリ(Boutros

Boutros-Ghali, 1922-)国連事務総長が『平和への課題』で、**図3**に示したような予防外交、平和創造、平和強制、平和構築という新しい世代のPKOを提案した。とりわけ重装備による平和強制はPKOを国連憲章第7章の方向へと拡大することになった。史上初の平和強制部隊はソマリア内戦(93年)に派遣された第2次国連ソマリア活動(UNOSOMII)であったが、アメリカの一方的撤退によって失敗に終わった。ルワンダ内戦(94年)でも平和強制が期待されたが、派遣国の同意が得られずに小規模の従来型のPKOが派遣されたに過ぎず、結果的に大虐殺を止めることができなかった。こうした経験から95年に出された『平和への課題・追補』では、国連憲章第6章の方向の予防外交や平和創造が強調されている。旧ユーゴスラビアのマケドニアには、初めての国連予防展開軍(UNPREDEP)も派遣されたが、マケドニアと国交を持っていた台湾との関係から中国の反対にあって途絶えてしまった。こうした新しい世代のPKOが必ずしも機能しなかったのは、ポスト冷戦

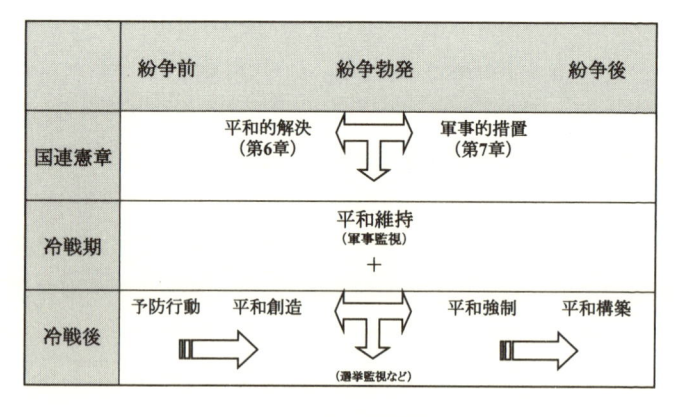

	紛争前	紛争勃発	紛争後
国連憲章	平和的解決 (第6章)		軍事的措置 (第7章)
冷戦期		平和維持 (軍事監視) ＋	
冷戦後	予防行動　平和創造	(選挙監視など)	平和強制　平和構築

図3　国連の平和活動

期の紛争の多くが集団的安全保障によって想定されていた国家間戦争ではなく、国際的な側面を持った内戦であったからである。冷戦後の内戦現場で体験を積んだ専門家グループによって2000年に提出された国連平和活動検討パネルの報告書(ブラヒミ報告)では、紛争予防と紛争後の平和構築が重視されている。国連軍は組織されたことがないので、平和強制軍が急に組織されても作戦はうまくいかなかったが、経済社会分野での国連の経験は豊富である。集団的安全保障の平和活動が効果的となるのは、経験を積んだ非軍事的なネットワーク構築にあるのかもしれない。

5 協調的安全保障と構成的平和

　新冷戦と呼ばれた時期にパルメ委員会(1982年)が最初に提唱した「共通の安全保障」という概念は、安全保障は共通の認識から始まるとした。安全保障が相互の認識によって構成されるものであるならば、平和を確保するためには間主観的に安全保障の認識を再構成する必要があり、そうした認識の変化を促すプロセスが必要となる。こうして安全保障概念の再検討が様々な形で試みられた。グローバル・ガバナンス委員会は、国家安全保障だけでなく、個人としての人間(人間の安全保障)や惑星としての地球(グローバル・セキュリティ)へと分析レベルを広げるべきだとした。伝統的な軍事的安全保障だけでなく、経済安全保障、食糧安全保障、社会安全保障、文化安全保障、環境安全保障なども包括した総合安全保障へと脅威の対象も広げられた。第4章で扱う人権・民主化レジームが広義の紛争予防の前提として見られるようにもなって

いる(栗栖1999)。総合安全保障は単独主義的にも追求されるが、共通の安全保障や協調的安全保障は、建設的関与をベースとした多国間の公式フォーラム(第1トラック)や、国家主体だけでなく専門家やNGOなど非国家主体をも巻き込むインフォーマルなネットワーク(第2トラック)による安全保障対話プロセスでの再構築が目指されている。そのプロセスでは、予防外交、安全保障対話、信頼醸成措置、建設的関与など非対決的な手法がもっぱら使われる。

　冷戦後の安全保障に関する様々な再定義の試みのなかで、最も広く受容されている概念の1つが「人間の安全保障」である。国連開発計画(UNDP)の『人間開発報告書』(1994年)で提起されて広まったこの概念は、経済、食糧、健康、環境、個人、地域社会、政治などの点から従来の国家安全保障概念を再定義した。エネルギーや食糧については、ブレトンウッズ体制の崩壊や石油危機や食糧不安の文脈で、70年代後半の日本においても総合安全保障として提唱されていた。しかし、UNDPの提起はポスト冷戦期における開発概念の再定義ともつながり、内戦の激化によって「破綻国家」が増加する状況では、人間開発や社会開発の前提条件としての安全保障が指摘されたのである。こうした多面的な問題領域における脅威の再検討は、90年代に国連が主催した一連の世界会議とNGOによる並行会議で活発に議論された。90年世界子どもサミット、92年国連環境開発会議(UNCED)、93年世界人権会議、94年国際人口開発会議(ICPD)、95年世界社会開発サミット、95年第4回世界女性会議(北京会議)、96年第2回国連人間居住会議、96年世界食糧サミットなどである。こうした一連の会議の準備過程

やフォローアップ過程では、インターネットの普及もあって、NGOや市民社会から多くの批判的な言説がアップロードされ、ダウンロードされていった。国連と市民社会による弁証法的なコミュニケーションが、グローバルなレベルでの事実上の協調的安全保障のフォーラムとなっているのである。

　人間の安全保障との関連では、戦争や武器についての再定義の実践も始まっている。比較的成功した例と見られているのは、対人地雷禁止条約の締結を成功させた「地雷禁止国際キャンペーン (ICBL)」を中心とするNGOネットワークの活動である。大量殺戮兵器と比較して小型兵器の国際レジームの形成は遅れており、透明性を高めるために設置された国連通常兵器登録制度でも小型兵器は除外されていた。対人地雷禁止条約は地雷が大国にとって周辺的な武器だったから実現したという解釈もあるが、安価で操作が容易な地雷をはじめとする小型兵器は、冷戦後の内戦やテロリズムで頻繁に使用され、周辺的問題ではなくむしろ中心的課題と認識されたのである。地雷を「スローモーションの大量殺戮兵器」として認識し直し、しかも人道問題として扱ったところに成功要因があったと言われる。紛争が終結しても女性や子どもなどの非戦闘員に被害を及ぼして、中・長期的に社会の疲弊をねらう非人道性に注目して再定義したのである。こうしたプロセスは、NGOネットワークによる活動だけではなく、オタワ会議にイニシアチブをとったカナダなどによる政府間協議につながった点にも成功要因がある。主要な地雷保有国の参加は得られていないが、再構築された規範やルールによってそれらを取り巻くネットワークが形成されている (Cameron, Lawson, and Tomlin 1998)。

しかし、平和や安全保障の再構成がいつも制度改革に結びつくわけではない。NPT再検討会議で核廃絶が議題とならないことが分かって、「アボリション2000」という NGO ネットワークが結成された。アボリション2000は、ミドル・パワー国家で構成される新アジェンダ連合とも連携して、核保有大国主導の不拡散レジームの構造化に対抗している。冷戦後にはアメリカの専門家からも核廃絶の提案がなされるようになったが、現実の制度化に結びついていない。しかも、アメリカ連邦議会が包括的核実験禁止条約(CTBT)批准を拒否するなど、核兵器不拡散体制さえも揺るがせている。NPT/CTBT 体制の目的は、非核保有国への水平拡散を防止するのと同時に、核保有国の垂直拡散を核軍縮へと転換させることであったが、アメリカは、未臨界核実験という核爆発を伴わないバーチャルな実験を CTBT から除外しようとして、核実験概念を再定義したのである。大量殺戮兵器の拡散を防ぐためには、下からのネットワーク型の監視体制を進める動きだけでなく、覇権によって上から再定義され、「グローバルなパノプティコン(一望監視施設)」と呼ばれる規律・監視体制が構造化される可能性もあるのである(ギル 2000)。もともとベンサム(Jeremy Bentham, 1748-1832)が考案したこの監獄建築は、監視からは囚人の挙動が手にとるように分かるが、囚人には監視の姿は見えない構造になっている。この建築構造自体が囚人の意識に働きかけて権力者の思うように行動するようになる。どのような規範が受容されてゆくかは、理念の競争によって構成されるだけでなく、物質的な文脈のなかで構築されてゆくのである。

プロセスとしての協調的安全保障の制度化も直線的に進展する

わけではない。ヨーロッパでは1975年のヘルシンキ宣言から始まった欧州安全保障協力会議(CSCE)が、80年代を通じて共通の安全保障による対話プロセスを進め、ベルリンの壁の崩壊を促した。冷戦後の95年には欧州安全保障協力機構(OSCE)と改称され、「共通の総合安全保障政策」として協調的安全保障のアプローチを発展させている。欧州連合(EU)は、徐々にではあるが共通の外交・安全保障政策を収斂させようとしている。

　しかし、アジアでは、ソ連のゴルバチョフ大統領やカナダのクラーク(Joe Clark, 1939-)外相が同様の安全保障対話の場を提唱したが受容されなかった(Dewitt 1994)。その後、政府間レベルのASEAN 地域フォーラム(ARF)や非公式レベルでのアジア太平洋安全保障協力会議(CSCAP)などが設置されて、信頼醸成や安全保障対話が始まっている(黒川 2001)。しかし、冷戦後における世界の軍事支出は減少傾向にあるが、アジアにおいては増加していることから見れば、アジアの協調的安全保障の実質的効果はまだ限定的である。アジアにおける軍拡競争は、アジア以外の地域からの武器移転や、通貨危機までのアジア経済が比較的好調だったことが関係している。さらに、構成的平和の観点からすれば、中国や北朝鮮という特定の仮想敵国を想定していることと関係しているのではないか。パワーや取引を中心に行動する仮想敵国が存在するところでは、対話や説得といった非対決型のネットワーク型手段をとることは不可能ではないにしても難しい。その意味では、アジアにおける現状は、ヨーロッパにおける OSCE よりもCSCE時代と似ている。

　協調的安全保障の進展によるコミュニケーション・ネットワー

クを通じて構成された平和や安全保障の規範が構造化すれば、かつてドイッチュ(Karl Deutsch, 1912-92)が提起したような安全保障共同体が成立してゆくだろうか。OSCE や EU は統合型の安全保障共同体へ、ASEAN は多元型の安全保障共同体へ向かっていると見るむきもある。第2トラックのプロセスも充実すれば、国家主導の安全保障共同体だけでなく、国際機関や企業や NGO や専門家コミュニティを巻き込んだ形の「ヘテロジニアスな安全保障コンプレックス」(Buzan, Wæver, and Wilde 1998)へと進化するかもしれない。

コラム３：集団的自衛と集団的安全保障

　集団的自衛（集団防衛）と集団的安全保障の概念は、冷戦期においても冷戦後においても日本の安全保障論議でしばしば混同されている。集団的自衛は集団的自衛権を根拠に各国でとられる措置であるが、集団的安全保障は現在では国連決議によって全体でとられる措置である。北大西洋条約機構（NATO）と同様に日米安保条約は集団的自衛権を根拠として成立したものであると考えられるが、今日の日本政府見解では、「国際法上の集団的自衛権は保有するが憲法上は許されていない」とされる。湾岸戦争以後も、憲法第９条で許容される自衛権は個別的自衛のための必要最小限のものであるとの解釈は変えられておらず、「憲法の枠内」で、国連平和維持活動（PKO）協力法（1992年）、周辺事態安全確保法（1999年）、そしてテロ対策特別措置法（2001年）によって「自衛」隊が海外派遣されるようになった。

　日本の安全保障政策論議は、個別的自衛権とともに集団的自衛権の行使を是認しようとする立場と、個別的自衛権から集団的自衛権を飛び越えて集団安全保障の強化へ貢献しようとする立場の対立に焦点が置かれがちである。しかし、ここで提案したいのは、協調的安全保障の観点から集団安全保障や集団防衛を振り返る立場で議論を深めることである。例えば、日本は「事実上の大量殺戮兵器」とされる小型武器について国連会議開催を提案した。「人間の安全保障」の観点からすれば、湾岸戦争、旧ユーゴスラビア内戦、カウンターテロ攻撃に使用されてきた劣化ウラン弾など、人的、環境的悪影響を及ぼし続ける兵器の使用禁止についても国連レベルでリーダーシップをとるべきである。また、日米安保体制のレベルでは、グローバルな問題群について取り組む「コモン・アジェンダ」（1993年設定）を強化してゆくべきである。19世紀型の集団的自衛や20世紀型の集団的安全保障の矛盾は、21世紀型の協調的安全保障によって補完されるべきであろう。

第4章 人権と民主化のガバナンス

1 進化する民主主義

　人間は物理的パワーや恐怖だけで動くのではない。人間は自分の理性や精神によっても行動する。時には誰かに相談しながら意思決定し、単独で、合同で、あるいは集団で実行する。実行しながら、あるいは実行した後でそれを省みることもできる。言葉や行動によるメッセージによっても動かされるのである。15世紀には、グーテンベルグ(Johan Gutenberg, 1400頃 - 68)が発明したとされる活版印刷によって宗教書が広まった。今日でも様々なメッセージが印刷物、テレビ、インターネット、携帯電話などのメディアを通じて広まっている。政治的決定がなされるうえでより多くの人々のメッセージやアイデアの参画を得ることは、政治の正統性と政策実施効果の両面から重要である。こうした権力者と人々の情報更新プロセスが繰り返されると、権威の正統性と人々の権利についての政治パターンが構造化されてゆく。非軍事分野における国際政治は、人権と民主主義をめぐって構造化されてきた。

　リンカーン(Abraham Lincoln, 1809-65)によれば、民主主義とは「人々の人々による人々のための政治」である。「人々の」とは、権

力の所有者を示す。それが具体的に誰を指すかについては時間と空間によって変化してきた。古代ギリシアの都市国家では市民が直接意思決定に関わっていたが、権威の所有者は限られた数の成年男子であった。13世紀イギリスの大憲章では、封建諸侯に対する国王の義務と国王に対する封建諸侯らの義務が示された。古代ギリシア・ローマや中世の自然法では人々の義務が強調されていたが、14〜15世紀のルネサンスを経て人間中心の自然権が受容されるようになる。17世紀イギリスにおける名誉革命後の権利章典、18世紀のアメリカ独立宣言やフランス革命による人権宣言でも人々の権利が表明されたが、女性、奴隷、植民地の先住民など多くの人々の権利は除外されていた。国民主権が一般的となった現代においても、マイノリティの問題は存在する。

歴史的にマジョリティとなった人々やマイノリティの人々が獲得してきた人権は、1948年の国連総会で採択された世界人権宣言に集約されている。第2〜21条に規定されているのは、自由権的基本的人権が中心である。生命、自由、身体の安全に対する権利、財産所有の権利、意見および表現の自由、参政権などが含まれる。これらの多くは個人が国家から自律的に意思決定できる権利である。これらは17〜18世紀のホッブズ、ロック、ルソーらの哲学やイギリス、アメリカ、フランスでの革命の成果でもあるが、これらは「第1世代の人権」とも呼ばれる。

「第2世代の人権」とも言われる社会権的基本的人権は、世界人権宣言第22〜27条に集約されている。社会保障の権利、労働に対する公正な報酬を受ける権利、労働組合を組織し参加する権利、生活水準についての権利、教育を受ける権利、文化的生活に参加

し、芸術を鑑賞し、科学の進歩とその利益を享受する権利などである。これらの多くは、分配的正義の観点から国家が積極的に介入しなければ維持できない人権である。18〜19世紀のサン=シモン (Comte de Saint-Simon, 1760-1825)、19〜20世紀のマルクス、レーニン、ケインズの影響によるところが大きい。近代化の進展や自由権の行使が行き過ぎたために生じた経済的社会的な不均等を是正するための権利である。

1977年にユネスコによって提唱された「第3世代の人権」は、連帯権とも呼ばれる (Vasak 1982)。これは脱植民地化を達成した途上国から提起されたもので、世界人権宣言の起草時には必ずしも明確には見られなかった (初川 1991)。しかし、連帯概念は古くからあったもので、世界人権宣言第28条にも「すべて人は、この宣言に掲げる権利及び自由が完全に実現される社会的及び国際的秩序に対する権利を有する」と謳われているように第3世代の人権の芽生えが見られる。つまり、第1世代および第2世代の人権を実現するためには、個人と国家という枠を越えたレベルでの協力や協調が必要だということである。自由権や社会権の規範は冷戦期に進展したが、脱植民地化の進展とブレトンウッズ体制や冷戦体制の崩壊後に顕著になってきた第3世代の人権は、まだ十分には確立されていない。それをどう確立するかは今後にかかっているが、自由権、社会権、連帯権の総体を21世紀的な流れとして捉えることが重要である。

制度としての民主主義は、「人々による」と「人々のための」という側面の組み合わせによって分類される。「人々による」というのは、誰によって主権が行使されるかということである。プラトン

(Plato, 前427- 前347) は、一人による意思決定、少数による意思決定、多数決という分類を行った。さらに、「人々のための」政治を公共利益のための政治と私的利益のための政治とに分けた。**表2**にあるように、これらの組み合わせで6つの政治体制が分類された。プラトンは、一人の哲人王による公共利益のための君主制を理想とした。だが、現実には国王の私的利益のための独裁制(僭主政治)に堕する傾向がある。少数決による公共利益のための貴族制が優れていると分析したアリストテレス(Aristotle, 前384- 前322)は、これも貴族の私的利益のための寡頭制に堕しやすいので、現実には民主制との混合型のポリティアと呼ばれる政体が次善であるとした。国内議会の二院制や国連の安保理事会と総会の二層性の根拠も、多数による平等性と少数による専門的チェックにある。理論的な民主制は多数決による公共利益のための政治形態だが、今日の民主制の実態はポリティアに近い。今日使われている民主制の語源であるデモクラティアは、古代ギリシアではむしろ多数による衆愚政治を意味していた。民主主義も進化せずに退化

表2　6つの政治体制モデル

by \ for	公共利益	私的利益
単数決	君主制	独裁制
少数決	貴族制	寡頭制
多数決	民主制 古代ギリシアの ポリティア	衆愚制 古代ギリシアの デモクラティア

1 進化する民主主義　75

する可能性があるのである。

　国内における個人と国家の関係は、そのまま国家と国際社会の関係には適用されない。国際社会において国家が個人と似たような単位として擬人化されても、国内の政府にあたるものが国際社会には存在しないからである。それでもなお国際社会においても人権や民主主義が進展した。国際社会における国家主権は、国内での個人の自由権と似ている。そして、国家間を対象とする国際法は国内の民法に似ている。国家が国内で権力を行使するのと同じように国外に対しても行動する単独主義(ユニラテラリズム)の外交や干渉は、国家主体の自由権的発想に支配的されている第1段階である。

　第2段階は、第1段階と同様に自由権的発想に基づいているが国際主義的な思想と結びついた二国間主義(バイラテラリズム)、少数国主義(ミニラテラリズム)あるいは複数国主義(プルリラテラリズム)である。国家は同盟を締結したり、条約に署名したり、国際機関への加盟や脱退などの国際行為を自由にできるという規範である。

　第3は、多国間主義(マルチラテラリズム)で、限定的であるが社会権的発想が見られる。国際社会における単体の合同による二国間主義や少数国間主義と違うのは、全体としての仮想的な世界社会による共同行動も想定されているからである。国連や政府間国際機関の構成者は主権国家であり、国際司法裁判所の当事者となれるのも国家だけである。しかし、国際公務員や国際司法裁判所の裁判官は国家というより個人として全体利益のために働く。国家を通してではあるが、個人の人権を国際的に保障する制度化も

進展している。

　第4は、国家だけでなく非国家主体も含むより広範な主体の協調や連帯によるヘテラルキーとも呼ばれるグローバル社会のガバナンスである。国家主体は他国に対してだけではなく、多国籍企業やNGOに対しても「外交」をするようになった。企業やNGOは国家を通じて、あるいは国家主体を超えたところで脱国家主義的(トランスナショナル)秩序を模索している。

2　主権国家の民主化と人権

　主権国家がブルジョワ革命、プロレタリア革命、独立戦争や脱植民地化を経て、3つの世代の人権をめぐって民主化されてゆく過程では、フランス革命での自由・平等・友愛という3つの政治的理念がベースとなった(田畑1997)。図4に示したように、3つの政治理念に対応する3つの経済的要素は資本・労働(人間)・土地(自然環境)である。現在ではこれらの政治経済要素のいずれもが重要であると考えられているが、どの理念や要素に優先順位を置くかによって、3つの民主主義とそれを支える経済体制が進展してきた。

　自由権的基本的人権は、生まれながらにして自由(freedom)という自然法的な理念と絶対主義の旧体制からの解放(liberty)の理念が重なって構成されている。ブルジョワ革命においてそれは資本家の自由として要求され、政治的には自由民主主義を、経済的には資本主義を生み出した。今日の支配的な「民主化」は狭義的に自由民主主義を指すことが多く、持続可能な経済成長が重視される。

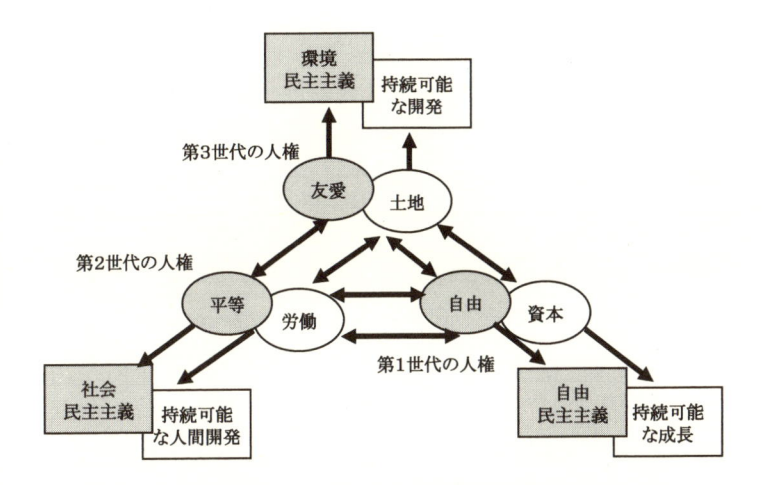

図4　3世代の人権と民主主義

これに対して社会権的基本的人権は、平等なものを平等に扱うことが正義とされる。人間中心主義から労働者や弱者の権利として要求され、政治的には社会民主主義を、経済的には持続的な人間開発や社会開発を指向することが多い。連帯権としての友愛は、もともと土地に根ざした同胞愛である。資本家が優先する自由権と労働者が優先する社会権の対立を止揚するための理念であったが、フランス革命ではそれが同じ領土国家に生きる国民のナショナリズムとして結実した。ローカル社会やグローバル社会という再構成された共同体的正義における今日の友愛概念は、将来世代の権利を考慮した生態系的に持続可能な開発が支える。

　これらの政治経済要素に支えられた人権を制度化する民主化プロセスは、時代や地域によって多様であるが、民主制のデザインの核となっているのは権力の分散である。それは絶対主義国家に

よる権力の集中へのアンチテーゼである。モンテスキュー(Charles Montesquieu, 1689-1755)以来の三権分立が近代国民国家のプロトタイプとなっているが、これは機能的な権力の分散である。空間的に権力を分散させたものは、連邦制である。アメリカ大統領の三選禁止のような規定は、時間的な権力の分散とも言える。

　自由権から派生した効率性、社会権が求める公正性、連帯権が前提とする統合性は、それぞれヒエラルキー型官僚制、マーケット型議会制、ネットワーク型貴族制を生み出したと考えられる。絶対主義王政の下では、常備軍とともに徴税を中心とした国家経営の家産官僚制が設置されたが、市民革命後の近代官僚制は、ウェーバー(Max Weber, 1864-1920)が指摘したように、近代化推進のための合理的な階統ヒエラルキー構造を分化させていった。近代国家の官僚行政は政策の実施主体であって、政策決定をするのは国民によって選出された議員で構成される議会であるのが理念型だ。議会制には、法の下に平等である個人や集団が自由に意見を表出して、多数決によって意思決定をする前提がある。本来数量化しにくい国民の価値を票数によって代表し、競争させて価値を再配分するのはマーケット構造に似ている。つまり、ヒエラルキー型官僚制とマーケット型代議制の組み合わせで民主化されたのが近代のナショナル・ガバメントである。

　しかし、本来合理的で効率的だったはずの官僚制は、もともと官僚が非民主的に採用・任官されていたことや、第2世代の人権保障に対応する政府の肥大化によってガバナビリティを低下させ、急速に変化する社会の要請に迅速な対応ができなくなった。民主化されたはずの議会もマーケット化が進み、選挙で当選し続

けるための資金を得るための買収や汚職が発生しやすい。政治家が複雑化する現代の社会問題に取り組む時間的余裕にも限界があり、選挙区の現在的利益とは直接関係のないと認識されがちな長期的課題や国際関係などは二の次になってしまう。

そこで官僚制や議会制の欠点を乗り越えるための制度化も進んだ。1つは、国際機関に加盟したり、地方自治体へと権限を委譲してゆくことによって、適当なレベルで問題を扱い、他のレベルは補助的とする補完性(サブシディアリティ)の原則である。中央政府の権威は相対化されうるが、問題を政府間や地方政府の問題とすることによって、政府自体のヒエラルキー型官僚制はむしろ保たれる。

もう1つは、政府と市場の協調である。公共事業部門への民間資金等の活用(PFI)あるいはIMFや世界銀行が示す「良いガバナンス」には、政治的民主化だけでなく経済社会活動でも国家と市場社会の協調的行動が期待されており、経済政策でのワシントン・コンセンサスと同様のマーケット型が強化される。

もう1つの制度化としては、政府や市場社会の外からの専門知識を活用した市民社会や認識共同体との連携が模索されている。専門家や市民は、官僚政治や議会政治のしがらみ、あるいは市場での利潤追求から離れて、将来世代や領域横断的な政策を提案することができる。国民国家において本当の意味での良いガバナンスを確保してゆくためには、国家による強制や市場による取引よりも、ネットワーク型の対話による連帯権の内容向上が図られるべきだろう。しかし、一部の専門家やNGOだけの言説が強く反映されてしまうと、ネットワーク型の貴族制は寡頭制に陥るだろう。

国際的な人権保障を国内で推進してゆくのも、こうした組み合わせが重要となるだろう。三権分立の観点から見れば司法はきわめて重要である。しかし、国際人権問題について個人が国内の司法制度を活用することは、不可能ではないにしても可能であるとは一概には言えない。とりわけ国際法と国内法の二元主義をとるイギリスのような国家における国内司法制度で扱うことは困難だと言われるが、その場合にも国際慣習法を国内議会で成文化することができる。さらにヨーロッパ人権裁判所のように個人が訴えることができる司法制度が整備されつつある。一元主義をとる国家では国際法が国内法より優先するところが多いが、アメリカ合衆国憲法のように国内法と国際法が同等に併記されている国もあり、様々な判例がある (Clark 2000)。いずれにせよ国際人権法や国際人道法に適合した国内措置の整備を、国家主体の裁量だけでなく非国家主体による監視ネットワークの強化によって進めてゆくべきだろう。

3 国際社会と第1世代の人権

ホッブズもボダン (Jean Bodin, 1530-96) も、主権というのはこれより上に位置する権威がないことを意味すると主張した。17世紀のウエストファリア会議によって主権国家で構成される国際社会が成立するが、内政不干渉の原則はまだ十分に確立されていなかった。国内の文脈における国家主権がそのまま対外的にも置き換えられて、国際社会における単独主義が生まれたからである。最高権威による干渉や領土拡大が国際社会のいたるところで発生

したのである。主権国家間の内政不干渉の原則が実際に制度化されてくるのは、19世紀の「ヨーロッパの協調」において、反革命で一致した君主制国家群が相互に外国からの干渉を牽制し合った頃からである。この時期にアメリカのモンロー(James Monroe, 1758-1831)大統領が、ヨーロッパ諸国とアメリカ大陸諸国との相互不干渉の立場を宣言したこともあって、内政不干渉の原則が国際的に認知されていった。

モンロー宣言は、「ヨーロッパの協調」が中心部であるヨーロッパ諸国間の相互不干渉であっても、周辺部であるラテンアメリカの独立への不干渉を意味しないことが懸念されたためにとられたものである。事実、アフリカやアジアについては適用外であった。19世紀になっても、それだけヨーロッパ諸国は周辺部に対して軍事的、外交的な干渉を行っていたのである。中央ヨーロッパや東部ヨーロッパ、オスマン帝国や中東に対するヨーロッパの干渉は「人道的介入」の下に行われていた。しかし、実際には必ずしも本来の人道目的による介入ではなかったことから、国際慣習法として成立していたかどうかは議論のあるところである。

そのようななかでも、第1世代の人権に属するいくつかの権利は、早くから国際的に受容されていった。絶対主義国家の時代においても、マイノリティの権利については、安全保障や政治経済的理由から徐々に拡大していた。宗教の自由は、17世紀ドイツでの宗教対立が発端となって国際戦争となった三十年戦争を終結させたウエストファリア会議で保障されたものである。ここでキリスト教新旧両派が平等に扱われることになった。人種、皮膚の色、言語などによる差別のないエスニック・マイノリティの権利は、18

世紀末から始まったナポレオン戦争後のウィーン会議(1814〜15)で初めて認められたとされる。これは、オスマン帝国の支配下にあったバルカン地域のエスニック・ナショナリズムをシビック・ナショナリズムに変容させて、この地域の安全保障を確保しようとしたものである。アメリカ植民地にイギリスが限定的な自治権を認めていたのも、宗主国が植民地経営のコストを削減し、リスクを回避するためだったと言われる。財産や納税額、性別、年齢によって制限されていた参政権の拡大も、為政者の権力や権威を強大にする期待があった。19世紀の欧米では奴隷制や奴隷貿易が減少に向かう。これも南北戦争で工業化が進んでいた北軍が勝利して奴隷が解放されたことが象徴するように、人道的見地からだけではなく、自由主義的な政治制度の発展や産業革命による生産・消費関係の変化が奴隷制経済を成り立ちにくくさせていたという指摘もある。このように、様々な自由権が国際法的にも実質的にも確立してゆくのは、人道的な認識が広がるだけではなく、安全保障や政治経済的な要因が重なったときであった。

　18〜19世紀にかけての「ヨーロッパの膨張」では、アフリカやアジアにおける植民地獲得のための単独主義の対外政策が続いたが、欧米諸国間では、内政不干渉を確立しながら二国間通商条約や少数国間条約を締結していった。19世紀には、ライン川やドナウ川などの国際河川委員会が設立され、万国郵便連合(UPU)のような専門的な国際行政連合も結成された(横田2001)。こうした国際制度は空間的に、あるいは特定の機能分野に限られていた。事務局も存在しないか、あってもきわめて小さいものだった。主権平等による全会一致の原則が意思決定されたため、形式的には多

国間条約であっても実効的な多国間条約として合意されるものは少なかったのである。イタリア統一戦争で傷病兵の看護にあたったデュナン(Henry Dunant, 1828-1910)が赤十字を結成するなど、人道的 NGO の芽生えも見られたが、こうした友愛精神によるボランティアも、国家間条約によって認められるときだけしか活動できなかった。

20世紀においても二国間主義や少数国主義は広く使われてきた。ナチス・ドイツの貿易・決済協定やソ連やアメリカによる二国間同盟など、二国間主義は大国を中心とした車輪のハブとスポークスのような関係を築きうる。ソ連とポーランド、チェコスロバキア、ルーマニア、ハンガリー、ブルガリアとの友好相互援助条約、アメリカと韓国、フィリピン、日本との相互防衛や安全保障条約がその典型である。形式的には帝国主義による単独主義とは違うが、大国と二国間協定を締結した弱小国間は連携しにくくなる。貿易の最恵国待遇のように、二国間で決定されたものが多国間に適用されることもあるが、もともとの決定は少数決である。戦後の日米貿易交渉も主に二国間で行われてきたが、半導体交渉のように、日米で決定されたことが韓国などにも適用されるようになった。独仏を中心に生まれた主要先進国首脳会議は今や G8 に拡大しているが、実質的な決定については G7 や G3 などの少数国でなされている。戦後経済秩序におけるイギリスとアメリカ、核兵器の軍縮・軍備管理交渉におけるアメリカとソ連などのように、大国主導の少数国間決定で多国間の動向が決まってしまうことが頻発する。

大国主導の少数国主義を崩してゆくのもまた、不満勢力による

少数国主義である。例えば、近代文明を支えてきた石油をめぐる国際的な枠組みについては、少数の欧米石油資本による支配からアメリカ国務省が介入する体制となっていた。1970年代に入ってからは1960年に結成されたOPEC（石油輸出国機構）諸国が生産国カルテルを強化することによって、アメリカ中心の国際政治経済支配に対抗した。これは国際的な経済格差を是正しようとする途上国のモデルとなり、様々な一次産品の生産国カルテルが結成された。OPECに対抗して経済協力開発機構（OECD）諸国は国際エネルギー機関（IEA）を結成して省エネや共同備蓄などで応戦したため、市場における石油価格は下落した。OPEC内部の矛盾もあって生産国カルテルは結局うまくいかなくなったが、湾岸戦争後の国際石油レジームは、再び最大消費国アメリカと最大生産国サウジアラビアを中心とする少数国主義の時代となっているようにも見える。

　冷戦後の少数国主義や複数国主義は、地域主義でも問題領域別でも、グローバル化によって国家の自律性が相対的に低下したことに対して国家群として対応するネットワークである。少数国主義や複数国主義がグローバル・ガバナンスに貢献するには、これらが排他的でなく補完的になることである。複数の国家による地域主義や問題領域別の少数国主義に先行する形で、あるいは後追いする形で、企業やNGOの地域化やグローバル化が進んでゆくだろう。

4　世界社会と第2世代の人権

　19世紀と同様に20世紀の国際社会にも世界政府は存在しなかっ

たが、第1次世界大戦と第2次世界大戦を経た国際政治がそれまでとは異なるのは、世界的にそれぞれの国家のなかで社会権が認められていったことと、国家間関係においても多国間主義による民主化がより進展したことである。20世紀の多国間主義も、19世紀的な少数国主義と同じように国家間関係(国際社会)をベースとしているが、それだけではなく、階級や民族といった国家を超えた存在が世界社会を構成しているという認識が広まった。国家は世界政府へ社会権的な権利を要求できるわけではなかったが、自由権や社会権を国家が国際的に保障するためには、世界規模での多国間主義の枠組みが望ましいという認識が生まれた。その規範は国連人権委員会によって世界人権宣言に明文化され、自由権と社会権それぞれについて国際人権規約として条約化された。

このような認識が広まった1つの要因は1917年のロシア革命である。世界の本質的な構造は国家ではなく階級であり、資本家階級が支配する資本主義国家が世界戦争を起こすのだとされた。世界平和を実現するためには、まずプロレタリアート革命によって資本主義国家を破壊し、プロレタリアート独裁による社会主義国家を世界的に広めることが共産主義社会の実現につながるとされた。多国間主義が広まったもう1つの要因は、1919年の国際連盟の誕生である。ウィルソンの14か条には、よりオープンな外交や民族自決の原則で多国間主義をとることが世界戦争を繰り返さない道だという考え方が表れている。第2次世界大戦後にはルーズベルト(Franklin D. Roosevelt, 1882-1945)大統領らが、アメリカの国連加盟を実現しようと、連邦議会と国民を納得させるために、ナチス・ドイツが進めた単独主義・二国間主義に対抗して多国間主義

の理念を強調したとも言われる。いずれにしても、階級や民族という国家横断的な世界観がソ連とアメリカの二超大国によって提唱されたことが、20世紀的人権とそれを支える多国間主義の底流にある。

多国間主義に基づいた国際人権レジームがどの程度機能しているかは一概に言えない。東西対立や南北対立は、社会権規約（A規約）と自由権規約（B規約）を別個の条約として締結させた。締約国の実施義務について、B規約では自由権を「尊重し確保する」ことが約束されたが、A規約では社会権の「完全な実現を漸進的に達成する」ことが明記されているのみである。A規約もB規約も締約国は履行状況を報告する義務があるが、B規約では締約国政府から自由権委員会への報告義務だけでなく、他の締約国からも通報される選択条項がある。さらにB規約では、人権違反について個人からの通報も可能にする選択議定書が発効している。このように制度としては自由権の方が充実しているが、日本のようにこれを選択していない国もある。規約の内容だけでなく、締約国によって多様なレベルの保障を設定可能な制度にしたことも状況を複雑にしているのである。

また、必ずしも社会権についての制度化が遅れているわけでもない。第1次世界大戦後に設立された国際労働機関（ILO）は、早くから画期的な制度化を進めていた。ILOは現在では、労働の分野での自由権と社会権の両分野における条約や勧告を採択し、それらの遵守監視も行っている。さらに画期的なのはILOの意思決定である。ILO憲章によれば、総会や理事会での投票は政府、使用者、労働者の三者代表によって行われる。これは政府間の国際

社会に階級間の世界社会を組み込んだ多国間主義であり、より民主的な形態となっていると言えよう。

地域的なレベルでの国際的な人権保障については、EU、米州機構(OAS)、アフリカ統一機構(OAU)で制度化されているが、アジアには地域的な人権委員会が存在していない。欧米的視点から見れば、権威主義体制が多いアジアでは人権意識も民主主義も未発達であるためと捉えられがちである。経済成長と所得格差の縮小を同時達成した「東アジアの奇跡」の自信を背景に、「アジア的人権」を唱えるアジア諸国もある。しかし、地域国際制度の欠如は、必ずしも人権意識の未浸透を意味するものではなく、また権威主義体制を擁護するものでもない。歴史的、文化横断的な視点からは、特定の時代の特定社会に支配的な解釈による人権概念の「普遍」化の誤謬が指摘されている(大沼1998)。消極的には、冷戦期の国際政治経済状況では東アジア地域における地域協力機関の設立が阻まれていたのである。また積極的には、アジア諸国には前近代的な信頼意識と近代化後の連帯意識が同時に顕在化しているため、人権委員会という近代的な制度化が存在していないのではないだろうか。

世界レベルでの多国間主義による民主化については、国際連盟でも国際連合でも総会は一国一票制をとった。これは主権平等を原則とする19世紀的国際社会の規範の継承であるが、全会一致の原則によるコンセンサスをとることはきわめて困難であった。実質的な意思決定を効率化するために、連盟理事会や安全保障理事会で大国一致の原則やIMFや世界銀行の拠出額に応じた加重表決が制度化されたことは、20世紀に入ってからの新機軸である。し

かし、アリストテレスが懸念したように少数者だけの利益で意思決定される可能性も高く、非民主的な少数国主義と民主的な多国間主義の攻防をしばしば激化させることになった。例えば、「平和のための結集」決議は、安保理常任理事国の少数国主義に対する総会の多国間主義からの挑戦であった。また、途上国グループG77が主導した新国際経済秩序（NIEO）樹立宣言に対して、先進諸国は四極通商会議などの少数国主義を強めた。途上国グループのなかでも、OPECの生産者カルテルに対抗して、OECD先進国は消費国カルテルとして国際エネルギー機関（IEA）や先進国サミットなどを設置した。20世紀型の多国間主義は数量的拡大という「成功」によって、実質的には少数国間の対立を先鋭化してしまった。

　国家間紛争を公正な裁判によって解決するために、国際連盟では常設国際司法裁判所が（**コラム4**）、国際連合では国際司法裁判所（**コラム4**）が設置された。国際司法裁判所は国家が当事者となるケースを扱う。主権国家が公正な裁判を受ける権利を多角的に保障する制度化は、19世紀的国家間社会の制度強化と言える。その一方で、個人を対象とする司法機関が設立される動きが出てくると、国際社会が超国家主義（スプラナショナリズム）の方向に進化する可能性もまったくないわけではないことを想起させる。1949年には国連総会によって国際行政裁判所が設立された。これは国際公務員個人の雇用紛争などを解決するための補助的な機関である。より重要なのは、1998年に採択された国際刑事裁判所規程（**コラム4**）で、国際人道法に関わる個人の刑事責任を追及することを目的としている。これまでも第2次世界大戦後にはニュールンベルグ裁判や東京裁判があったし、冷戦後には安保理決議によって

旧ユーゴスラビア国際刑事裁判所やルワンダ国際刑事裁判所(**コラム4**)が臨時に設置されている。しかし、常設の国際刑事裁判所が設置されることになると、国内における刑法に従って国家が強制的に処罰を下すのと似た国際刑事手続が構造化される可能性がある(柘山2000)。世界連邦運動(WFM)などが中心となっている「国際刑事裁判所のためのNGO連合(CICC)」による積極的な働きかけや、世界規模でのメディア報道もあって、冷戦後に頻発するジェノサイド、人道に対する犯罪、戦争犯罪、侵略を追及する機運が高まった。冷戦終結後の超大国間の対立緩和もあって短期間で設立条約が採択されたが、アメリカをはじめとする大国は、自国軍に所属する個人が自国の主権を超えるところで刑事事件として裁かれる可能性があることなどから批准に消極的である。世界国家がない状態で、常設国際刑事裁判所が実際に設立されるのか、設立されたとしてもどこまで規範が共有されてその機能が構造化されてゆくのかが注目される。

5　グローバル社会と第3世代の人権

　第3世代の人権は途上国の人々にとっては開発の権利や「人類の共同財産」を享受する権利であり、先進国の人々から見ると環境権ということになるかもしれない。さらには、正統性の源泉は政治権力や経済利益ではなく知識や情報にあるとする立場からは、情報にアクセスし、それを共有する権利が強調されている。人間という存在自体も見直されて、ジェネレーション(青年や子どもの権利など)、エスニシティ(民族自治権など)、ジェンダー(生殖

の権利、遺伝子情報など)など多面的に平和の権利が再構成され始めている。開発権の概念には、自動詞としての「発展」と他動詞としての「開発」が含まれるが、とりわけ途上国の人々にとっての経済社会的発展は、個人や自分のコミュニティからの内発的発展と国家主体や非国家主体からの外的開発支援の相互作用によって実現してゆくと考えられる。環境権や平和権についてもグローバル社会の共同体的正義から発する権利で、多様な主体の連帯に基づいたグローバルな秩序が重要である。こうした秩序について世界人権宣言では萌芽的にしか触れられておらず、法的拘束力のある連帯権の人権規約も今のところ存在しない。

　第2次世界大戦直後から急増した独立主権国家の数は、冷戦後さらに増加した。これとともに現存する多国間主義的な国際政治制度の「民主主義の赤字」は相対的にますます悪化した。さらに、主要先進国では福祉国家が破綻するほど財政赤字が膨張している。途上国や移行国では、内戦で国家自体が破綻しかねない状況がある。企業は生産販売事業のグローバル化を進め、市民社会組織も活動をますますグローバル化させている。価値観が多様化し、多様な主体の権威や権力が分散する状況は、中世のヨーロッパ世界に似た構造になっているとの指摘もある。しかし、「新しい中世」とも呼ばれる今日のグローバル社会は、封建的な中世と決定的に違っている。それは、政府の失敗と市場の失敗を両方経験したグローバル社会の主体が、情報通信革命の恩恵を受けてネットワーク社会を再構築しようとしている点である。ポスト産業社会のネットワークは、政治学的に言えばより広範な主体の参加を可能にする民主主義の発展形態であり、経済学的に言えばグローバ

ルな集合財のことである。受益者についての排除原則や消費についての競合性がない点で集合財は公共財と同じだが、政府部門だけによる公共財の提供でなく、企業や市民社会組織などの民間部門が単独であるいは政府と一緒に集合財を提供する。

冷戦後の内戦の激化や経済のグローバル化は、多国間主義による国際制度の疲労を多くの局面で顕在化させた。例えば、国連難民高等弁務官(UNHCR)事務所は、国境を越えた「難民」を対象に活動していたが、冷戦後の内戦は国境内にも同様の被害者を多く生んだ。UNHCR はこれらの人々を「国内避難民」と再定義して活動したが、多くの国際問題や国連交渉が行き詰まりを見せる国連交渉に活路を見出すために、国連側からも産業界や市民社会の広範な参画を呼びかけている。

多国籍企業は、国家や国際機関による規制ではなく、自主的な基準や優良な成功事例(ベスト・プラクティス)の提示によってコーポレート・ガバナンスをグローバル化している。例えば、EU 統合によってヨーロッパのビジネス界は域内の標準化を進めてきた。アメリカのビジネス界はグローバル市場における事実上の標準(デファクト・スタンダード)化を進めている。産業間、企業間でも熾烈な標準化競争がなされているが、アナン(Kofi Annan, 1938-)国連事務総長によって提案された「グローバル・コンパクト」では、人権・労働基準・環境の三分野において国連と企業が協調してガバナンスを再構築しようとする試みが始まっている。2000年から始まったこの活動は、国連人権高等弁務官事務所、ILO、国連環境計画(UNEP)などの国連機関や労働組合や NGO などの参加も得て監視され、対立的ではなく協調的な対話を促進しようとしている。

企業にとっての単なる宣伝やイメージ向上に終わらせずに、グローバル市場での協調的な標準化がどの程度なされて普及してゆくのかが注目される。

　国連から市民社会への呼びかけも進展している。憲章は第71条で、経済社会理事会と国際NGOとの協議について定めていたが、国連の政策決定へのNGOの参加はきわめて限られていた。96年には、改革の一環として経済社会理事会との正規の協議資格を持つNGOを拡大することになった。とりわけ現地で活動するNGOも協議資格を申請できるようになった。経済社会理事会だけでなく、安全保障理事会ではオックスファム(Oxfam)、国境なき医師団(MSF)、ケア(CARE)、赤十字国際委員会(ICRC)などの人権NGOや開発NGOが協議相手として呼ばれた。さらに、総会では国際自然保護連合(IUCN)がオブザーバー資格を得ることになった。アナン国連事務総長は、2000年のミレニアム国連総会とともにミレニアム人民総会を提案した。国連人権高等弁務官も国連と市民社会とのパートナーシップを繰り返し強調している(阿部1998)。こうした国連主導のグローバル・ガバナンスへのNGOの参加拡大は、NGOの自律性の低下やNGOコミュニティ内での分裂の可能性も孕んでいるが、国連システム自体を進化させる可能性もある。21世紀の人権や民主化のグローバル・ガバナンスは、新しいポリティアの再構築なのである。

コラム4：国際司法裁判所と国際刑事裁判所

　第1次世界大戦後にオランダ・ハーグに設立された常設国際司法裁判所(PCIJ)は国際連盟とは独立した司法機関で、その構成国は連盟加盟国と必ずしも一致しなかった。第2次世界大戦後に設立された国際司法裁判所(ICJ)は国際連合の主要司法機関として位置づけられ、国連加盟国はすべて国際司法裁判所の当事国となった。15名の裁判官は定期的に国連総会と安全保障理事会で選出される。国際司法裁判所における裁判事件の当事者となりうるのは国家だけである。また、国家間紛争の解決について、国際司法裁判所の管轄権が成立するためには紛争当事国の同意が必要である。判決は当事国に対して拘束力を持ち、国連加盟国はそれに従うことが義務付けられている。判決に従わない場合には安保理が必要な措置を決定することができるが、これまで実際に従わなかった事例においてそれが決定されたことはない。個人や民間団体や国際機関などは当事者となることはできないが、勧告的意見を受けることができる。

　これに対して国際刑事裁判所(ICC)規程(ローマ条約)は冷戦後の1998年に採択されたもので、2001年現在まだ発効していない。第2次世界大戦後に国連の国際法委員会(ILC)はニュールンベルグ裁判の経験をもとに国際刑事裁判所の検討を始めたが、冷戦期には実現しなかった。冷戦後の内戦頻発とともに旧ユーゴスラビア国際刑事裁判所やルワンダ国際刑事裁判所が臨時に設置され、常設の国際刑事裁判所設置についても1995年から本格的な国際交渉が始まった。国際司法裁判所が国家を当事者とする国家間紛争を扱うのに対して、国際刑事裁判所では国内の民族紛争などで国内裁判所が公正に機能しない場合に国際法を犯した個人が訴追される。国内法での民法と刑法との比喩から国際司法裁判所と国際刑事裁判所が対比されることもあるが、国内社会における国家に相当する世界国家がない国際社会において、常設の国際刑事裁判所を設置することに対する賛否双方の議論が続いている。

第5章　通貨と金融のガバナンス

1　進化するマネー

　人間はお金や信用によって動くことがある。お金だけでは動かされない人間もいるが、そういう人間もお金を使う。貨幣は価値を表す尺度として、商品やサービス交換の決済手段あるいは債務の支払手段として、さらには価値を保蔵しておく手段として使われてきた。物々交換していた頃から石や貝など様々な貨幣が使われていた。動かしにくく風雪にも耐える石貨は価値を保蔵しておくのに適していたが、それが通用する空間は限られていた。経済活動空間の拡大とともに、貨幣は利便性の高いものとなってゆく。様々な稀少金属による鋳貨が主に使われるようになったが、封建諸侯に年貢を納める際には収穫物も使われた。種蒔きから農産物が収穫されるまでは時間がかかり、信用払い（クレジット）の概念も生まれる。中世後期の遠隔地貿易では民間の商人や金融業者が広く活動したが、近代の金融革命によって国家の役割が急展開する。国家と市場が重要な役割を果たす通貨と金融のガバナンスは、国内通貨、国際通貨、基軸通貨、バーチャル通貨というマネーの進化とともに変遷してきた。

　近代初期の金融革命における二大発明は、紙幣と中央銀行であ

る (Gilpin 1987)。紙と印刷技術の組み合わせによる紙幣で利便性は格段に進歩した。金や銀などの鋳貨は、その鉱物が採掘される範囲内の流通量に限定されたが、紙幣はいくらでも刷ることができる。しかし、民間の銀行券が無秩序に発行されると通貨供給の過不足が生まれ、金利も激しく変動してしまう。これによって銀行や企業が倒産すると金融恐慌につながる。そこで紙幣を独占的に発行する中央銀行が受け入れられるようになり、国内通貨が出現した。絶対主義国家は、鋳貨とともに中央銀行券を発行することによって、戦争や富のための資金を管理しようと試みた。ヨーロッパ国際社会を中心に中央銀行が普及してゆくのは18世紀半ばから19世紀にかけてである。やがて市中銀行の資金が不足したときは「最後の貸し手」として、資金注入もできるようになる。多くの場合、今日の中央銀行は国家の一部ではあるが、政府の一部ではない。政府から独立した中央銀行は、「政府の銀行」と「銀行の銀行」としての役割を担う。国内においては、政府による財政政策と中央銀行による金融政策の2つがガバナンスの焦点となってゆく。国外については、外国為替政策のガバナンスが重要となってゆく。

しかし、国際貿易の拡大によって通用力が限定された国内通貨の限界が露呈する。国内では、しばしば必要以上に紙幣が印刷されてインフレーションや物価高が生じた。これらの問題を一挙に解決するかに見えたのが国際金本位制である。ある国内通貨が国際貿易や国際金融の決済手段として海外でも通用するようになると、それは国際通貨と呼ばれる (石見 1995)。純粋な金貨や銀貨は熔解すれば再び他国の国内通貨に鋳造可能である。また、金保有

表3　国際通貨体制の変遷

金融革命(18～19世紀)	
金本位体制(1870頃～1913)	
変動相場制(1914～25)	
金為替本位制(1925～31)	
通貨ブロック(1931～44)	
金為替本位制：ブレトンウッズ体制(1945～71)	
管理フロート制(1971～73)	「トンネルの中の蛇」(1971～73)
変動相場制(1973～　)	「トンネルを出た蛇」(1973～78)
プラザ・ルーブル合意(1985／87)	欧州通貨制度：EMS(1979～93)
	経済通貨同盟：EMU(1999～　)

量以上の紙幣の印刷を制限すればインフレーションを抑制することも可能である。国際通貨は主に民間主体によって国際貿易のための価格表示、決済、価値保蔵のための手段として使われるが、国際通貨制度としての古典的金本位制を支える国際制度は想定されていなかった。実際には、世界貿易と金融の中心となったイギリスの中央銀行であるイングランド銀行がその役割を負った。イギリスが国内的に金本位制を確立していたことから、19世紀末から第1次世界大戦までは各国も金本位制を採用し、古典的な国際金本位制が成立した。

国際通貨のうち、広く頻繁に使われて優位に立つものは基軸通貨と呼ばれる(石見 1995)。基軸通貨は平価表示や国際決済として使われるだけでなく、自国の平価を安定させるための介入にも使われ、介入するための準備通貨として公的主体にも保有される(山本 1997)。第1次世界大戦前の英ポンド、第2次世界大戦後の米ドルが主要な基軸通貨として金とともに国際準備に使われ、金為

替本位制が生まれた。最初の金為替本位制は、1922年ジェノバ会議などで提案された。イギリスは1925年に金本位制に復帰して金の流動性不足を英ポンドで補完しようとしたが、為替切り下げ競争と通貨ブロックの形成によって短命で崩壊した。1944年のブレトンウッズ会議で成立した金為替本位制は、金よりも米ドルの役割が大きくなった。金1オンスを35米ドルで交換することが保証され、他国の通貨は金というよりも米ドルに固定された。固定制を主張するアメリカと調整可能な為替レートを主張するイギリスとの妥協によって、固定されてはいたが調整可能な制度となったのである。それを支えた制度として、それまでの金本位制には存在しなかったIMFと世界銀行が創設され、短期的および長期的な調整が図られた。

　軍事援助や経済援助による米ドルの流出とアメリカの国際収支の悪化で、1960年代初頭にはドル不安が起こったが、60年代末までのブレトンウッズ体制は比較的うまく機能していた。しかし、アメリカのベトナム戦争への介入や復興したヨーロッパや日本からの輸入増に伴って、米ドル紙幣はますます増刷され海外流出した。それがアメリカの金保有量を超えそうになると、基軸通貨としての米ドルの信認が揺らいだ。やがて、1971年にニクソン政権は金とドルの交換停止を一方的に宣言して、ブレトンウッズ体制は崩壊してゆく。

　固定制から変動相場制へと移行したポスト・ブレトンウッズ体制を、ウィリアムソン (John Williamson, 1937-) は秩序がないという意味で「ノン・システム」と呼んだが、実際には国際基軸通貨体制の信認を回復するための様々な試みがなされてきた。そうした試

みで使用されたのがバーチャル通貨やデリバティブ(金融派生商品)であり、それらを制御しようとする制度が協調的ガバナンスである。IMFの枠組み内で試みられたバーチャル通貨は特別引き出し権(SDR)である。ヨーロッパ諸国は、欧州通貨単位(ECU)というバーチャル通貨を作り出した。ECUは新しい通貨ユーロとなり、米ドルに次ぐ国際基軸通貨となっている。金融市場では金融の自由化とともにデリバティブも高度化し、実体経済をはるかに上回る規模と速さで短期資金が地球を駆け巡っている。また、銀行だけでなく証券、保険、ノンバンクの役割も増大し、様々なリスクを回避するために新しい金融商品が作り出されている。こうした金融商品は市場が作り出した広い意味でのバーチャルなマネー商品である。また、必ずしも広く普及しているわけではないが、市中銀行やインターネット関連の民間企業は電子マネーを発行し、電子商取引とともにサイバー・スペースで通用させている。さらに、市民社会においても、地域通貨やオルターナティブ・バンキングのような、地域コミュニティの信頼に基づくバーチャル通貨が使われている。IMF改革や欧州中央銀行(ECB)創設などによって国家群が信認回復を試みているだけでなく、企業や市民社会も信用や信頼を再構築しようとしている。国内と違って「最後の貸し手」が必ずしも存在しないグローバル社会では、国家や市場や市民社会が、それぞれのバーチャル通貨や金融商品でグローバル金融アーキテクチャーの設計を進めているのである。

2　国内通貨と中央銀行

　制度としての紙幣と中央銀行が作られたのはなぜだろうか。政治形態が各国多様であるように、中央銀行の形態も各国一様ではない。しかし、主権国家の成立と経済発展とともに、「通貨の番人」として共通した3つの必要性が生じたと考えられている（田尻 1997）。第1は、発券銀行として中央銀行が独占的に統一された紙幣を発行することで、国内の政府と社会を統治する強制通用力が認知される必要があった。政府や民間銀行など多数の主体が多様な紙幣を発行して競争した方が金融システムは安定するという見方もある。しかし、オーソドックスには、多数の主体が際限なく紙幣を発行すると金融システムは不安定になると考えられたので、中央銀行による金融システムのヒエラルキー化が進んだ。政治分野では市民革命によって主権国家が国民国家に民主化されていったが、中央銀行の独占発行権は民主主義の理念と制度から超越したままであった。それは通貨価値と金融システムの安定のためには自律的な金融政策が必要であるという前提が受け入れられたからである。

　第2は、「政府の銀行」として政府に代わって税金などの国庫金を出納し、政府への貸出や国債の発行など政府への信用を供与する。世界初の中央銀行と言われるスウェーデンのリクスバンクやイギリスのイングランド銀行は、当初は民間銀行として17世紀に創設されている。それが中央銀行となったのは、政府が民間資金を借り入れるのと引き換えに、これらの特定の金融業者に独占的

地位を与える政治的な取引があったと言われる。

　第3は、「銀行の銀行」として、市場における通貨価値と金融システムを安定させる必要があった。市中銀行に資金を一定の金利(公定歩合)で貸し出したり、市中銀行から支払準備として一定割合(預金準備率)の無利子の預金を強制的に預けさせたり、債券や手形を売買(公開市場操作)することによって通貨量を調整するようになった。さらに、金融恐慌などで国内金融システムがパニックに陥ると、「最後の貸し手」として選択的な救済措置をとるようになった。

　実際に政府や民間金融機関は、国内通貨と中央銀行にどの程度依存してきたのだろうか。18世紀から19世紀にかけて紙幣と中央銀行が各国に広がりを持つようになると、自然に依存する金貨や銀貨の通貨供給不足は解決されたが、ナポレオン戦争などを機に紙幣の乱発からインフレ傾向となり、国際的な通貨不安が生まれた。通貨当局がこの不均衡を短期的に調整するためには、対外資産の所有あるいは借り入れによって国際流動性を保持していなければならない。通貨が不安定になったときには短期的な調整を促進するために、準備資産として適度に保蔵される国際通貨の需要が生まれた。こうして外国為替業務の役割も重要になってゆく。

　20世紀のケインズ革命までは、戦争や危機などを除けば、政府も中央銀行も自律的な行動をとって通貨や金融の安定のための調整がなされた。政府は租税収入に見合う歳出をする健全財政政策をとった。中央銀行は景気の動向によって金融政策をとった。こうした倹約的な行動がとれたのは、国内で失業問題が起きても財政政策や金融政策に反映される政治状況がなかったからである。

しかし、20世紀になって福祉国家が規範となった状況で景気が悪化すると、政府は中央銀行に対するインフレ圧力を増大させて健全性を維持することが困難になった。政府は財政政策によって中央銀行には頼らずに景気の調整を図ることができたが、それでも政策目的が達成できない場合は、インフレーションを生む拡張的な金融政策を中央銀行に要求するようになったのである。中央銀行は通貨価値と金融システムの安定のために政府からの独立性を保とうとするが、しばしば政府からの圧力に屈した。その1つの理由は、民主主義から超越した中央銀行自身に内在する「民主主義の赤字」のためであろう。最近の先進諸国ではインフレーションはどちらかといえば落ち着いているが、ハイパーインフレーションが頻発する途上国や移行国の状況は深刻である。

民間金融機関は政府と中央銀行による規制の下で営利を追求してきた。市中銀行は中央銀行からの貸付をもとに、家計や企業に預金通貨を供給して信用創造をしている。市中銀行は預金の一部を引き出しに備えて現金通貨（キャッシュ）として持っているが、残りは預金通貨として利ざやを稼ぐ。信用（クレジット）が現金通貨よりも増大するにつれて、中央銀行にとっては、市中銀行による信用創造を含めた全体のマネー・サプライの管理能力が問題となった。また金融の自由化が進展すると、民間金融機関は国内の中央銀行による規制を受けないオフショア市場へ進出した。また、銀行業務の規制を受けない証券化も進めた。さらに、デリバティブによるオフバランス取引によって、通常のバランス・シートには載らない形でも中央銀行の規制から逃れようとした。通信技術や金融工学の進歩もあって、中央銀行と銀行やノンバンクの駆け

引きが続いている。

　今後も中央銀行が「銀行の銀行」として、そして同時に「政府の銀行」として機能してゆくためにはどうすればよいのだろうか。モノ（物価）ヒト（雇用）カネ（経済成長、為替レート）は両立しないと言われるが、市中銀行も政府も債務不履行にせず、外国為替も安定させるためには、協調的な技術が要求される。信用が焦げ付いて金融危機が起きたときには、「最後の貸し手」として資金注入することで金融システムの危機が回避されうるが、救済対象の選択的基準が緩むことで生まれるモラルハザード（倫理観の喪失）の問題をどう解決するのかが問われる。ハイリスク・ハイリターンの投機に失敗した銀行が結局救済されるならば、ロウリスク・ロウリターンで堅実に経営してきた銀行は相対的に損をすることになるので、ハイリスクに賭ける群集心理が働く。モラルハザードでますます金融システムが不安定になると、結局は中央銀行のガバナビリティが低下してしまう。さらに、金融危機を回避するために、政府は公共投資の増大などから赤字国債を発行して積極財政をとりがちになる。中央銀行は、銀行に対する監督能力と政府からの独立性を同時に高めてゆく必要がある。法的拘束力を持つ規制だけでなく、行政指導や自主規制といったインフォーマルな手段でも役割を強化していかなければならないだろう。民主主義の規範から隔絶した金融ヒエラルキーがその有効性と正当性を保つためには、政府や市場の支持をとりつけるために自らの透明性を高めなければならない。

　そうした透明性を国際的に確保する必要性が高まっていることと国内での中央銀行の独立性が低下することが相俟って、90年代

以降の中央銀行は独自の国際協調を模索している。プラザ合意やルーブル合意というどちらかと言えば政府主導の国際協調に対して、国際決裁銀行(BIS)は中央銀行主導の国際協調の場である。1930年に設立されたBISは、もともと第1次世界大戦後のベルサイユ条約によるドイツ賠償を扱っていたが、第2次世界大戦後はブレトンウッズ体制を支える中央銀行間協力のフォーラムとなった。1975年にG10諸国の中央銀行総裁会議によって設立されたバーゼル銀行監督委員会は、88年の自己資本比率規制を決めたバーゼル合意や財務会計基準のグローバル・スタンダード化の試みなどによって、規制・監督について協調を強化してきた。G10諸国の中央銀行総裁によるグローバル金融システム委員会は、今後の国際金融アーキテクチャーについても議論している。

このように各国の中央銀行が相互に独立性を保ちながらの国際協調がある反面、各国中央銀行の金融主権を犠牲にしてより大きな中央銀行を設立する動きもある。87年のニューヨーク株式市場の暴落(ブラック・マンデー)に始まった世界の株価同時安は、ドイツの中央銀行(ブンデスバンク)の協調が得られなかったために招いた市場の反乱であるといわれるが、強硬なブンデスバンクの独立性があったからこそ欧州中央銀行が成立したという面もある。欧州中央銀行の設立は、ヨーロッパ各国の中央銀行が各国政府に対抗してより広い地域での金融ヒエラルキーを求めた姿である。

3 国際通貨と金本位制

国際通貨は、一般に民間レベルの国際貿易・投資の価値尺度と

して使われ、国際貿易や国際金融の決済に使われる。また、決済の受け取り手によって次の取引の準備として保蔵され、第三国間の貿易や金融の媒介通貨としても使用される。19世紀の古典的な国際金本位制では、金貨が本位貨幣（金貨本位制）であった。第1次世界大戦後に再建された国際金本位制と第2次世界大戦後のブレトンウッズ体制では、金地金（金地金本位制）と英ポンドや米ドル（金為替本位制）が主に使われた。ブレトンウッズ体制崩壊後は、米ドルのほかに独マルク（その後継として1999年以降はユーロ）も主な国際通貨として使われている。

　特定の国内通貨が民間レベルでの国際通貨として選ばれるのは、必ずしも国際条約や協定によるものではない。古典的金本位制は覇権国による強制や国際協調によって波及したと言うよりも、各国が自発的に金本位制を採用していったのである。その経済的理由としては、アメリカで新しい銀鉱が発見されたため銀価格が低下して銀本位制や金銀複本位制が魅力的でなくなったことがある。また、政治的理由としては、産業革命をいち早く達成したイギリスから優れた商品や資本を流入させるためには、イギリスの金本位制に追従する必要があると後発国の政府が判断したからである。「世界の工場」としてのイギリスは、「世界の銀行」として銀行の支店網も拡大し、外国為替銀行のコルレス契約（外国為替取引を円滑に実施するための相互契約）を通じて国際金融ネットワークが利便性を高めていったことも他国にとっては都合がよかった。戦間期に米ドルが国際化し、第2次世界大戦後のヨーロッパの復興後に独マルクが国際化してゆくのも、経済発展を果たしたこれらの主要国から商品や技術や資本を流入させることによる利益

と、その国際金融ネットワークの拡大の利便性があってこそ実現したものである。

　古典的金本位制が支配的となった背景には、輸出によって金を獲得しなければならないという重商主義の理念から解放された自由主義哲学の存在もあった。金が流出しても「ゲームのルール」に従って国際収支が自動的に調整されるから構わないとするヒューム(David Hume, 1711-67)の考え方によれば、以下のように機能する。例えば、ある国でインフレーションが起こると、物価や所得の上昇によって安い外国商品の輸入増と高い自国商品の輸出減となる。しかし、これによって生まれる国際収支の赤字は、国際通貨である金の流出によって、通貨当局に対するインフレ抑制圧力として働くから構わないとされた。

　このように金本位制は、理論的には各国の中央銀行が金を固定価格で売買を行うことと、民間主体が自由に金を輸出入することによって、中央銀行の介入なしで自動的に迅速に国際収支が調整されることが期待された。しかし、現実にはイングランド銀行や各国中央銀行が金価格操作を行って固定相場制が保持されていたことが指摘されている(Gilpin 1987)。また、戦争や危機が生じたときには例外的に金の流出も止められた。さらに、イングランド銀行を含むヨーロッパの主要国やアメリカが危機に陥ったときには、少数国主義的な中央銀行間協力による介入で融資や借り入れを行って流動性を供給した(山本1997)。こうした例外措置は時間的にも空間的にも限定されていたが、そのことによってむしろ市場の信認を得ていたと見ることができる。つまり、当時の中央銀行間の協力は、「政府の銀行」としてではなく「銀行の銀行」として

の協力であったと言われる。多くの場合、政府は健全財政をとっていたし、高金利政策によって失業が増えても政治的な圧力がなかったので、「政府の銀行」としての調整はなされなかった。19世紀のイギリスやヨーロッパでは、選挙権が性別・身分・財産で制限されていたので、大量失業が生じても中央銀行の独立性が保持できたのである。

銀が大量に生産されたアメリカでは、男子普通選挙も既に実施されていたこともあって、金本位制の修正や通貨切り下げを求める政治的圧力が大きかったという (Eichengreen 1994)。イギリスやヨーロッパでも、普通選挙が拡大して国内の雇用や物価の安定が主張され始めると、中央銀行の独立性が揺らいだ。第1次世界大戦の契機となったサラエボ事件以降、イギリスは対外信用を収縮し金を回収し始めた。やがて各国も金の輸出や交換を停止したので、国際的な流動性危機が起きて金本位制は崩壊した。1914年から1925年までは、基本的に変動相場制となった。

戦間期のインフレと変動相場制を経た後に再建しようとされた金本位制は、一時的にイギリスやヨーロッパの平価を回復するかに見えた。しかし、国内の民主化は逆戻りしなかったので、主に政治的な理由から、中央銀行が独立性を保持しながら金融政策を決定することを困難にしていた。第1次世界大戦による債務やドイツの戦後賠償問題もあり、国際協力による政治的調整も難しかったため、再建金本位制の信認はすぐに崩れた。通貨切り下げ競争による近隣窮乏化政策の弊害を取り除くため、イギリスとフランスとアメリカの三国通貨協定による管理フロート制も試みられたが、その代わりに資金流出規制をすることになった。

21世紀の国際金融アーキテクチャー論争のなかで、金本位制の復活は考えられるだろうか。資本の自由化と為替の安定が求められている今日においては、同じことを達成した古典的金本位制がノスタルジックに見える。しかし、この2つの政策目標を達成するために国内のマクロ経済政策が犠牲になっていたことに注意する必要がある。途上国や移行国の一部では、国内通貨のドル化やユーロ化あるいはカレンシー・ボード制度の採用によって、最初から金融政策を主要国へ預けてしまう選択も行われている。しかし、ケインズ的な福祉国家観が残存する先進国や民主化が求められている途上国や移行国で、金融政策をはじめとするマクロ経済政策の自律性を自ら放棄することは、政治的に非現実的である。

4　基軸通貨とブレトンウッズ体制

国際基軸通貨は、民間レベルだけでなく公的なレベルで基準通貨として、介入通貨として、あるいは準備通貨として使用される。広義には、古典的金本位制における金、再建金本位制の金為替としての英ポンド、ブレトンウッズ体制の米ドル、ポスト・ブレトンウッズ体制の変動相場制では米ドルやユーロが基軸通貨となっている。なかでも、ブレトンウッズ体制における米ドルは、IMFと世界銀行という多国間主義の国際制度で支えられるようにデザインされた20世紀型ガバナンスの基軸通貨であった。

いつでも金1オンスを35米ドルで交換することを保証し、他国の通貨をドルに固定させた。この固定制が実現したのは、アメリカ政府の意思と能力が存在し、それを他国が支持したからである。

再建金本位制の英ポンドは金の補完的役割しかなかったが、ブレトンウッズ体制での米ドルの役割は金よりも大きかった。第2次世界大戦後のイギリス経済の疲弊は、英ポンドを金為替にするパワーも意図も失わせていた。それでも、ブレトンウッズ体制は英米の妥協である。アメリカのホワイト案とイギリスのケインズ案の矛盾を併せ持つ妥協である。もともとのアメリカ案では、自国の出資割当額(クォータ)によって規定される責任の範囲内においてのみの国際流動性の供給が意図されていた。これ対して、イギリス案は定期的に調整が可能な多国間による決済と流動性供給を企図していた(Kirshner 1996)。妥協の結果、固定制をとるが上下1％の調整は常時可能な体制となった。

短期的な経常収支の赤字調整を任務としたIMFの加盟国は、経済力や貿易量などによって決定されるクォータの25％を金または米ドル(後にSDRも)で、75％を自国の国内通貨で拠出した。国際収支が危機に陥ったときには、クォータの25％部分(リザーブ・トランシュ)は無条件で引き出し可能である。他の加盟国が払い込んだ資金の借り入れ(クレジット・トランシュ)は、条件(コンディショナリティ)付きで自国通貨と引き換えに、一定の限度額まで借りられることとなった。コンディショナリティの内容を含めたIMFの政策決定は、クォータに基づいた加重表決制をとっているため、最大の出資国であるアメリカの意思が大きく反映される。長期的な調整を担当した世界銀行は、もともと第2次世界大戦で疲弊した諸国の復興と途上国の開発を目的としていたが、やがて後者に重点が移された。当初は途上国政府を対象とする開発プロジェクト融資が中心だったが、80年代以降は構造調整プログラムへの融

資も増えた。

 ブレトンウッズ体制は60年代末頃までは、少なくともそれをデザインした戦勝国にとって比較的うまく機能した。その理由は、覇権国アメリカのパワーとそれを支持する国際協力が展開されてきたことにある。とりわけ終戦直後は、IMFや世界銀行による支援よりもマーシャル・プランの方が重要だったという指摘がある。自発的に形成された金本位制と比較すると、IMF協定によって制度化されたブレトンウッズ体制は、形式的には多国間主義の体裁をとったが、ヨーロッパの復興などはIMFや世界銀行の外で行われた二国間援助が支えたのである。

 しかし、IMFや世界銀行を中心とする多国間主義の制度化も進展した。IMFの基本融資では、引き出し限度額の引き上げ、危機に陥る前に引き出せるスタンバイ協定(1952年)、クォータ以外の財源を確保するため国際収支黒字国からの借り入れを可能にした一般借り入れ協定(1962年)など、国際流動性供給デザインが強化された。なかでも理論的に重要なのが、69年の第1次IMF協定の改正で実現したSDRの創設である。SDRは、所有流動性がなくても対価なしに短期決済のために引き出せる権利である。これはIMFによるバーチャルな世界共通通貨の試みであると言えよう。価値表示尺度は、当初は1SDR＝1米ドル＝金1／35オンスだったが、変動相場制に移行してからは複数の通貨の組み合わせによるバスケット方式となっている。SDRの配分は加盟国のクォータによって決定され、70年代初期と70年代末から80年代初めに約214億SDRが配分された。

 世界銀行については、1956年に民間企業を対象とする開発投融

資を扱う国際金融公社(IFC)が設立され、1960年には途上国のなかでも低所得国へのソフト・ローンを扱う国際開発協会(IDA)が設立された。ブレトンウッズ体制崩壊後の1988年には、途上国に投資する際の非商業的リスクに関する保証を提供する多国間投資保証機関(MIGA)が、新たな世銀グループの機関として設立されている。

　こうした制度化の進展にもかかわらず、なぜブレトンウッズ体制は崩壊したのだろうか。それは国際政治学では、覇権安定仮説で説明される(Walter 1993)。安定した国際通貨・金融システムという国際公共財は、それを提供する意思と能力のある覇権国アメリカによって供給された。しかし、この一極安定構造がベトナム戦争などの軍事介入やヨーロッパや日本の復興によって崩れたため、ブレトンウッズ体制の崩壊を引き起こしたという説明である。再び安定した体制を創出するには、アメリカが覇権を回復するか、あるいはアメリカに代わる覇権国が登場しなければならない。

　国際経済学では、「トリフィンのジレンマ」で説明される。トリフィン(Robert Triffin, 1911-93)によれば、基軸通貨国による流動性の供給と基軸通貨体制の信認にはトレード・オフ関係がある。大量消費社会の存在と復興した欧日からの対米輸出増によるアメリカの経常収支は赤字となる。さらに、アメリカ企業は自国通貨で国際取引できることを利用して為替リスクを軽減できるが、海外進出と製品の海外調達を積極化すると基軸通貨国の経済は空洞化する。流出する米ドルを呼び戻そうと金利を上げるとますます輸出ができなくなり、経常収支の赤字は構造化する。やがて基軸通貨の供給が金保有量を超えて、固定制の信認が低下するのである。

IMFと世界銀行による調整を高度化しても、このジレンマは解決できなかった。SDRは政府間における価値表示尺度として、あるいは決済手段としてもある程度使用されたが、国際準備としての機能は不十分であった。ブレトンウッズ体制の信認を回復するための制度補強としては、SDRの配分は遅過ぎた。SDRが最初に配分された翌年の1971年にはニクソン(Richard Nixon, 1913-94)大統領が金とドルの交換停止を一方的に宣言してしまう。その後の短期間は管理フロート制が試みられたが、73年には変動相場制に移行し、IMFも76年の第2次IMF協定改定でそれを正式に認知した。

ブレトンウッズ体制の崩壊後もIMFと世界銀行のブレトンウッズ機構は存続しているが、今後はどうすべきなのだろうか。時代遅れとなったIMFや世界銀行は廃止すべきという意見が右派と左派の双方の立場から出ている。しかし、新しい機能を重層化させながら存続してゆくのではないだろうか。とりわけIMFの理論的可能性としては、ケインズが示唆した世界中央銀行への道がある。それはすぐには実現できないにしても、トリフィンが望んだSDRの強化というシナリオがある。グローバル・ガバナンス委員会もSDRの新規発行を提言した。為替の安定と資本移動の自由を目指すうえで世界中央銀行や世界共通通貨は理想的だが、各国の通貨主権が失われることになる。主権国家の裁量と世界的ルールの対立は、ケインズ案とホワイト案以来の対立構図である。この対立はSDR創設時にも再燃した。SDRを倍増し、すべての加盟国にそれを配分する第4次IMF協定改正案が97年のIMF理事会で承認されたが、これでさえもアメリカなどの先進国の承認が得られ

ずにまだ実現していない。

為替レートだけでなく国際収支の不均衡についても焦点をあてた IMF サーベイランスを強化することも提案されている(ブレトンウッズ委員会1995)。そうすることによって、途上国だけでなくアメリカや日本などの加盟国も、不均衡についての説明責任や早期是正のためのプログラムを明らかにすることが期待される。しかし、サーベイランス強化だけでは信認の回復は難しい。サーベイランスは従来通り協議の形式をとることになろうが、仲間の監視圧力(ピア・プレッシャー)が強くかかる透明性の高い仕組みが工夫されなければならないだろう。1992年のIMF協定第3次改定では協定不履行の加盟国への制裁も規定されたが、基準の中身はワシントン・コンセンサスの押し付けではなく、途上国を含めた協調的な基準設定が求められるべきだろう。

5　バーチャル通貨とグローバル金融アーキテクチャー

70年代初めにブレトンウッズ体制が崩壊した後は、それぞれの国家が自由に通貨システムを選択することになった。主要国はまず管理フロート制を試みたが、安定を維持することはできなかった。その後、主要国は変動相場制を選択した。途上国の多くは自国通貨を米ドルに釘付けした。ブレトンウッズ体制崩壊後は、フリードマン(Milton Friedman, 1912-)らのマネタリズムが一時主流となった。ケインズが需要サイドと財政政策を重視したのに対して、供給サイドと通貨・金融政策が重視された。イギリスのサッチャー(Margaret Thatcher, 1925-)政権やアメリカのレーガン(Ronald Reagan,

1911-2004)政権は規制緩和と民営化を推進する「小さな政府」による新自由主義(新保守主義)の政策をとった。通貨供給の抑制によって先進諸国ではインフレーションが抑えられた。しかし、アメリカは、軍事支出の増大や企業減税による財政赤字と高金利や不況による経常赤字によって債務国に転落した。

これに対してアメリカは、ドル高是正のために国際協調で乗り切ろうとする。主要五カ国財相・中央銀行総裁会議(G5)がドル安と円高・マルク高を決めた85年プラザ合意は、貿易政策というミクロ経済政策だけで改善しない経常収支不均衡を、通貨・金融政策というマクロ経済政策の協調によって安定させようとしたものである。しかし、今度はドル安に歯止めがかからなくなり、ドル暴落の危機が生じた。G7による87年ルーブル合意はそれを抑えるための協調介入の決定だったが、経常赤字削減に本格的に取り組まないアメリカとインフレ再燃を懸念するドイツ・ブンデスバンクの金利引き上げによる米独対立から失敗に終わる。市場の反発は、ブラック・マンデーを引き起こした。

プラザ合意以降のマルク高と円高は、ヨーロッパ域内の市場・通貨統合と日本のアジア投資を加速させた。とりわけ、ヨーロッパの市場統合と通貨統合は、変動相場制下での米ドルの乱高下からヨーロッパ諸国通貨を隔離する地域戦略である。ブレトンウッズ体制の崩壊直後から73年までの間、欧州経済共同体(EEC)は「トンネルの中の蛇」と呼ばれる上下幅0.75%(後に実際には2.25%)の変動を目標にした通貨協調を試みた。73年からは「トンネルを出た蛇」と呼ばれる共同フロート制となったが、79年には欧州通貨制度(EMS)を発足させた(桜井1997)。EMSが「トンネルの中の蛇」

と異なる点は、ECU というバーチャルな共通尺度の設定と、弱小通貨国に対するドイツの援助とを抱き合わせた妥協が成立したことである。アメリカのカーター(Jimmy Carter, 1924-)政権の拡張政策によってドル安・マルク高になると、輸出主導の経済成長の悪化を懸念したドイツ社民党のシュミット(Helmut Schmidt, 1918-)首相が EMS を推進した。インフレ圧力を懸念したブンデスバンクは、政治主導による協調に消極的だったが、フランスのジスカールデスタン(Valery Giscard d'Estaing, 1926-)大統領が国内のインフレ対策の口実にこれを歓迎し、域内の貿易や投資を推進していた他のヨーロッパ諸国も為替リスクを減じる EMS を支持した。介入方式としては、「トンネルの中の蛇」と同様に、各国通貨を二国間主義の束で結ぶパリティ・グリッド方式と多国間主義的な通貨バスケット方式が提案されたが、強い通貨のマルクを発行するブンデスバンクにとってコストの少ないパリティ・グリッド方式がとられた。その代わりにフランスの古い通貨単位の名称でもあったECUが価値表示尺度として採用されたのである。

EMS はある程度成功したが、第2次石油危機でドイツの経常収支が赤字となり、フランスのミッテラン(Francois Mitterrand, 1916-96)社会党政権が拡張的なマクロ経済政策をとると、インフレが加速して仏フランの価値も低下した。ミッテラン大統領は、EMSを離脱して社会主義的政策目標を達成するため保護主義へと進むか、それともヨーロッパの経済通貨統合を進めるなかで生存するか選択を迫られた。結局ミッテランは後者を選択し、ミッテラン政権の財相だったドロール(Jacques Delors, 1925-)を EC 委員長として送り込み、経済通貨同盟(EMU)と欧州中央銀行(ECB)の設立へ

と導いたのである。

　しかし、SDR やプラザ合意やユーロといった国家間協調によるガバナンスは、グローバルな資本の自由化によってますます困難となりつつある。アイケングリーン(Barry Eichengreen, 1952-)によれば、国家がとりうる現実的な選択肢は通貨統合か変動相場制となる(Eichengreen 1994)。とりわけ、事実上の固定制を目指したヨーロッパの通貨統合にしても資本収支の危機から解放されたわけではない。輸出先としてのアメリカ市場に大きく依存するアジア諸国にとって、地域通貨統合はすぐに実現はできない。途上国には、カレンシー・ボード制やドル化によって金融の安定を主要国に任せてしまう選択や、マレーシアやチリのように、単独主義的に資本移動の規制をして安定を目指す道もある。しかし、いずれも市場からの圧力を十分に管理するだけのガバナビリティを持つか疑わしい。

　金融市場におけるデリバティブ(先物・先渡、スワップ、オプション)や再保険などの新商品も、基軸通貨体制の末期症状としての債務危機に対するリスクを回避するために開発されたり改善が加えられたものである(コラム5)。しかし、この「リスク回避」は実際にはグローバルな金融市場での「投機」となる。つまり、債務危機こそが金融のグローバル化を進めているとも見られるのである(アグリエッタ 1989)。その結果、ストレンジ(Susan Strange, 1923-98)が「カジノ資本主義」と呼んだ短期資金の移動によって、グローバルな通貨・金融体制はますます不安定になった(Strange 1997)。IMFの通貨交換性は、物やサービスの貿易を決済するための経常収支における交換性を想定していたのであって、資本収支に対応した

ものではなかった。短期投資や金融としての流動性に対応した制度ではなかったのである。

　98年のロシア通貨危機に絡むロングターム・キャピタル・マネジメント(LTCM)社による投機の大失敗以降、金融市場は自制しているようにも見える。その一方で、金融市場の安定については国家主導あるいは市場主導で協調しながら監視する新たなネットワークが形成されつつある(古城2001)。国家による銀行に対する監視については、各国の中央銀行が直接規制をしてきた。しかし、規制が強化されると、銀行はユーロダラー市場のように国内の直接規制を受けないオフショア市場に進出した。74年に設立されたBISのバーゼル銀行監督委員会(バーゼル委員会)は中央銀行間で規制のための協調を目指すが、銀行はこれを回避するために資産のバランス・シートに載らない証券化を進めた。87年のブラック・マンデー後のバーゼル合意ではオフバランス取引も算定に入れるようになった。

　銀行と違って証券や保険にはバーゼル委員会のようなネットワークが存在しなかったが、アメリカが中心となって、86年には証券監督者国際機構(IOSCO)が、94年には保険監督者国際機構(IAIS)が設立された。さらに、これらのネットワークによるメタ・ネットワークも結成されつつある。96年には、バーゼル委員会、IOSCO、IAIS 三者の合同フォーラムが、グローバル・スタンダード設定の政策協調のために設立された。99年にはG10諸国財相会議、国際金融機関、バーゼル委員会、IOSCO、IAIS などを包括して、G7金融安定フォーラムが結成された。これらはいずれも正式な機構ではなく、インフォーマルなネットワークである。イ

ンフォーマルなところでのグローバル・スタンダードの設定は、特定の国や企業を有利にするのではないかという懸念もある。銀行をはじめとする金融機関が借り手である企業を監視する役割を強化してゆくためには、中央銀行や監督者機関自身の透明性や民主性も高めてゆくべきであろう。そのうえでミクロなレベルでは、経営者が一定の方向で経営するためのコーポレート・ガバナンスが誘導される微妙なガバナンス手腕が必要になるだろう。

　市民社会やNGOは、ブレトンウッズ体制崩壊後の国家や市場の対応について概して批判的である。1994年のブレトンウッズ体制50周年に際して、多くのNGOはIMFや世界銀行こそが持続可能な開発の土台を削り取ってきたのだと批判した(Danaher 1994)。「50年でもうたくさん」という批判によれば、とりわけ82年のメキシコ累積債務問題が表面化してから本格化したIMFや世界銀行の構造調整融資や、その市場経済重視の政策コンディショナリティが、環境破壊や、社会貧困や債務問題を悪化させている(鷲見1994)。IMFや世銀を解体・改組したり、金融取引税を導入するなど、市民社会からもブレトンウッズ体制崩壊後のグローバルな通貨・金融システムについての代替案が出された。債務を借り入れたのは軍事独裁政権で、借り入れ資金を国民の利益のためにはまったく使ってこなかったという批判もある。市民社会からの反グローバリゼーションの動きは、NGOネットワーク「ジュビリー2000」を中心とする重債務貧困国(HIPCs)への債務帳消しの国際キャンペーンとなって、G7・G8サミットなどで債権国をも動かしてきた。99年のケルン・サミットでは、HIPCsに対する債務救済イニシアチブの枠組みを拡充することが合意された。しかし、

HIPCs諸国と他の債務国との間の公平性の問題や、日本のようにODA(政府開発援助)借款が多いドナー国と他の債権国との公平性の問題がある。さらに、債務帳消しを一度でもすると、その途上国には市場から支払不能の烙印が押され、新規融資が難しくなるというジレンマもある。IMFによる救済は流動性不足を前提としている。流動性不足とは、中長期的には返済能力があるが一時的に支払い能力がない状態であるのに対して、債務免除は支払い不能を前提としている(大野1993)。現実には流動性不足と支払い不能とを区別することは必ずしも容易ではない。いずれにしても国際金融機関は、流動性と調整と信認について市民社会や市場とどう協調的に運営するかということに答えなければならない。

　市民社会が提案する代替案のなかで、積極的に実現されているものの1つに地域交換取引システム(LETS)やエコマネーと呼ばれるものがある。これは、特定の地域やコミュニティだけに流通する市民社会版のバーチャル通貨である。商品券のように地域や目的を限定して、物やサービスの交換をそのコミュニティ独自の価値表示尺度で記録して使う。ボランティアによるサービスも取り入れられている。こうしたインフォーマルな局地通貨は、1930年代の世界恐慌時にドイツで誕生したヴェーラや現在でもスイスに存続するヴィアなどのように、不況で失業してもある程度の商品やサービスを交換できる(森野2000)。その意味では、国民国家からローカルなレベルへと「下方へ向かうセーフティーネットの張り替え」(金子1999)である。信用組合へと発展した相互扶助のマイクロクレジットやイスラムの無利子銀行にも似ているが、こうした動きは、ブレトンウッズ体制崩壊後のグローバル化のなか

で破壊された地域やコミュニティの信頼や連帯を、バーチャル通貨によって再構築しようとするものである。

コラム5：デリバティブによるヘッジと投機

　デリバティブと呼ばれる金融派生商品には、先物・先渡、スワップ、オプションなどがある。外国為替や証券などの価値に依存するので派生商品と呼ばれるが、天候デリバティブなど金融価値に依存しないものもある。先物や先渡は、取引所や店頭で将来の特定時点における特定価格で引き渡すことを約束する取引である。スワップには、異なる通貨建て（通貨スワップ）や異なる金利（金利スワップ）の支払債務取引などがある。オプションとは、一定期間内に金融資産を特定価格で売買できる権利のことである。この権利の価格自体は比較的少額なので、その数量や売買を組み合せることによって多様な損益パターンが生み出される。

　デリバティブが急速に拡大したのは、ブレトンウッズ体制の崩壊によって通貨・金融が不安定になったことや、金融の自由化、金融工学や情報通信技術革命の進展などが背景にある。もともと様々なリスクによる資産価値の損失を防衛的に回避（ヘッジ）するために銀行などで使われたが、ヘッジと投機の境界は紙一重である。ヘッジ・ファンドと呼ばれる資金運用会社は、直物取引やデリバティブを梃子（レバレッジ）にして、大きな投機的な金融取引を行うようになった。これによって短期資金が大量に動く。投機が「成功」した場合には巨額の利益が一挙に投機筋に入るが、投機対象となった国や会社は巨額の損失を被ることになる。こうした短期的な通貨投機を抑制するためのトービン税構想なども提案されている（トービン 1997）。しかし、アメリカなどからの反対意見も強い。

第6章　貿易と投資のガバナンス

1　進化する交換と生産

　人間は、生きるために物やサービスを生産し消費してきた。自然から採取や狩猟をする人々も農耕をする人々も、もともとは自分たちの動ける範囲内で自給自足をして暮らしていた。自然条件や人為的な理由によって物の欠乏あるいは余剰が生じると交換の誘因が生まれたが、自給自足経済では活動空間も物やサービスの種類も限定されていた。技術革新や外的世界との軍事的、政治・経済的あるいは宗教・文化的な接触によって交通基盤が整備されると、活動空間が広がり遠隔地貿易が始まった。例えば、シルクロードによる交易によって市場は広がった。しかし、運輸手段が十分に発達していない時代は、遠隔地貿易で交換できる商品の種類や数量はなお限定されていた。さらなる技術革新によって運輸・情報手段が飛躍的に発達して交換できる商品の種類も数量も増えると、世界市場の範囲がさらに拡大した。

　しかし、自由な交換は必ずしも平等な交換ではなかった。対等な交換が確保されずに、強者による略奪や搾取がなされると弱者の不公平感が募ってくる。公正な交換が保障されないのであれば、それまで外の世界と交換してきた物やサービスをすべて自給しよ

うとする鎖国政策も出現した。第2次世界大戦後の文脈においては、国民国家や地域のレベルで自給しようとした途上国の輸入代替工業化戦略があった。それは空間を限定する代わりに物の種類を拡大しようとした逆転の発想だった。しかし、有害とされた外の世界との接触を断つと、健全な競争も封じることになり技術革新がうまくゆかなくなった。そこで、覇権国による自由貿易の一方的な制度化ではなく、他の諸国がその修正を要求する対抗関係のなかで覇権国も譲歩し、自由で公正な交換や生産を多国間協調によって構造化してゆく動きが生まれた。さらには、国家だけでなく、企業や市民社会との協調によって確保してゆこうとするのが今日のグローバル社会で要請されている貿易と投資のガバナンスである。

　17～18世紀のヨーロッパ国際社会での貿易は、国家による管理貿易が支配的だった。重商主義と呼ばれた貿易への政府介入は、輸出面では産業政策、輸入面では保護政策が二本柱である。こうしたアプローチは、今日でも戦略的貿易政策や新しい保護主義に見られる。19世紀のパックス・ブリタニカの下で成立した自由主義的な貿易体制は、最恵国(MFN)待遇などの制度化によって推進されたが、世界大戦や世界恐慌のなかで各国は保護主義へと回帰してゆく。第2次世界大戦後に成立した「関税及び貿易に関する一般協定(GATT)」による体制は、パックス・アメリカーナの下で自由貿易とともに公正貿易の側面を採り入れようとした試みであった。冷戦後の1995年に成立した世界貿易機関(WTO)体制は、これまでの自由貿易、公正貿易とともに、貿易問題と環境や労働との関わり、会社法など非国家主体との関わり、地域主義との関

係など、様々な面での協調的な貿易・投資体制を包括しようとしている。それはアメリカから見れば、パックス・アメリカーナ・パート2を目指す上からの「グローバル・ガバナンス」の試みでもあるが、アメリカ以外の先進国や途上国からすれば、アメリカの単独主義を国際協調によって牽制しようとする企てである。それはまた多国籍企業からすれば、国家による規制を最小限にしようとする、あるいは自分たちの利益のために国際協調を利用しようとするグローバリゼーション戦略である。さらに NGO や市民社会からすれば、WTO 体制に対抗する反グローバリゼーションの連帯ネットワークを構造化しようとする動きにつながっている。

　重商主義、自由貿易、公正貿易、協調的貿易・投資という進化パターンは、新しいガバナンス形態が古い形態に取って代わるというよりも、それぞれの形態が矛盾を孕みながら追加的に混在して構築されている。そうした重層性は WTO 協定の付属書の構成にも表れている。WTO 協定には4つの付属書が付けられているが、付属書1は重商主義的な動きを限定化させつつ自由主義貿易の範囲を広げようとするものである。付属書1A は商品貿易に関するもので、農業や繊維といったこれまでの GATT では取り込まれていなかった分野の商品貿易にも自由主義貿易を拡大するほか、衛生・検疫(SPS)措置の適用や貿易関連投資措置(TRIM)、貿易に対する技術障壁(TBT)、補助金やセーフガードといった保護主義的に使用されうる問題を、自由主義の立場から抑え込もうとしている。さらに、第1次産業や第2次産業の商品貿易のみならず、付属書1B ではサービス貿易について、付属書1C では貿易関連知的所有権(TRIP)について、こうした新しい分野においても

自由主義的な枠組みを拡大することが図られた。

　こうした自由主義の拡大と強化とともに、付属書2では公正貿易強化のために紛争解決をめぐる規則や手続きが定められた。事後的な紛争解決のみならず、事前的な紛争予防のために付属書3では協調的な貿易政策検討メカニズムが創設された。さらに、「世界」貿易機関が主権国家を超越したところから国際ガバナンスを強要してゆくのではなく、メンバー国間の自主的で協調的な参加を期待して作成されたのが付属書4の複数国間貿易協定である。少数国間あるいは複数国間で最低限必要な自由化を達成しようとする付属書4では、民間航空機、政府調達、酪農品、牛肉といった多国間枠組みでは合意しにくい問題が並んでいる。4つの付属書が並置されていることが象徴するように、WTO体制は、これまでの重商主義と自由貿易と、公正貿易と協調貿易が並存している。ブレトンウッズ体制で設立できなかった「国際」貿易機関の名を使うのではなく、「世界」貿易機関という名称を提案したアメリカは、自由で公正な貿易を強調したかったのだろうか。自由主義が支配的な位置を占めつつあるが、WTO体制で自由貿易が完成したわけではない。また、公正な貿易体制が十分に確保されたわけでもない。産業内貿易や企業内貿易の進展とともに多国籍企業の相対的立場が強くなっている。WTO体制が真の意味でのグローバルな協調的貿易・投資体制へと進化するのか、それとも強者の利益だけの自由貿易体制へと退化するのか、まだ決まったわけではない。

2　重商主義と国家

　16世紀の絶対主義の下では、ボダンが正当化した主権国家における官僚や常備軍を賄うため、ヨーロッパの君主たちは金や銀の獲得に躍起となった。17世紀のウエストファリア体制の下では、稀少金属の獲得よりも、輸出を増やし輸入を抑えることで生ずる貿易差額によって国家財政を豊かにしようとした。イギリスやフランスでは商業資本に特権が与えられ、国家はその収益から分配を受けた。とりわけ、輸入面での保護関税を中心とする国家規制が支配的となったが、たとえ貿易相手国に特恵関税を与えて輸入が増えたとしても、それ以上の輸出の増大によって金が流入すればよかったのである。18世紀後半の産業革命と貿易差額主義の成功によって、「世界の工場」としてのイギリスを中心に自由貿易体制が敷かれたが、産業資本が未成熟なヨーロッパ大陸やアメリカでは重商主義的な国内産業保護が強まった。アメリカの初代財務長官ハミルトン（Alexander Hamilton, 1757-1804）は、独立戦争時に東部植民地が外国貿易に依存していた状況を踏まえて、新政府は積極的に経済活動に介入して自立的な国民経済を築くべきだと主張した。リスト（Friedrich List, 1789-1846）も、産業革命で先行したイギリスに比べて経済的に遅れをとったドイツが国際的に伍してゆくためには、国家が輸入面でも輸出面でも重商主義的な経済政策をとるべきだとした。

　輸入における保護主義には、衰退産業の保護と幼稚産業の保護がある。衰退産業の保護は、外国の台頭しつつある比較優位に対

して、比較優位を失いつつある自国の産業を保護するものである。これに対して、幼稚産業の保護は、将来における自国の産業の比較優位を射程に入れて、一定期間外国の商品やサービスから自国産業を保護するものである。1970年代以降のブレトンウッズ体制の崩壊に伴って顕在化してきた新しい保護主義と呼ばれる動きも、こうした比較優位や産業構造の変動の文脈で生まれた。

　輸入面での幼稚産業保護は、輸出面での産業政策につながっている。このアプローチは20世紀にも存続し、21世紀になっても存在している。第2次世界大戦後の日本の傾斜生産方式や鉄鋼産業・自動車産業への産業政策が、東アジア新興工業経済の原型として挙げられることも多い。今日では、輸出志向に結びついた産業政策的な考え方は、戦略的貿易政策としてハイテク分野などで採用されている。自由貿易理論が主張する比較優位は、特定の空間と時間における静態的な概念である。これに対して、戦略的貿易政策や歴史学派経済学は時間軸を重視している点でダイナミックである。ある時代にある国がある産業において国際的な比較優位がなかったとしても、国家の積極的な介入によって特定産業の生産や貿易を振興することで、将来的に比較優位が生まれる可能性にかけている。

　しかし、こうした政策が成功するかどうかは多くの要因に依存する。まず、どのような産業セクターに将来比較優位が生じるのかが不確実である。税金や公的資金を投入したにもかかわらず、比較優位が生じなかった失敗例は数多い。また、たとえ戦略産業部門を特定化できたとしても、どのような政策をどの程度の期間どの程度すべきなのかという技術的な問題もある。たとえその政

策が成功したとしても、国内的にも国際的にも問題が残る。国内的には、なぜ特定の産業や企業が優遇されるのか不公平感が生じる。生産者側だけの問題でなく、消費者の利益が軽視されることも多い。国際的には、成功すればその国にとって利益となるが、国家による優遇を受けずに競争していた外国産業にとって不公平感が残る。各国が同様の政策をとれば、輸出を受け入れる自由主義的な市場が存在するか疑問となる。

重商主義的な政策によって、政治的権力や経済的富を追求するやり方は、プロセスとしては単独主義である。重商主義政策は他国の犠牲の下に自国の権力や繁栄を求めることから、近隣窮乏化政策と言われる。世界恐慌のなかで各国は保護主義へ向かい、1930年の米国スムート・ホーレー法に代表されるような単独主義の対決となった。ダンピングなどの「不公正」貿易への報復措置が規定された1974年米国通商法301条、スーパー301条、知的所有権侵害国に対する包括通商法スペシャル301条などは、プロセスから見れば単独主義の典型である。

WTO 協定付属書 4 に見られるような複数国主義的な協調は、単独主義が協調的に適用された事例と見ることもできる。それが競争力のある先進国を中心とした協調であれば、強者の利益だけに資することになるが、単独主義の誘因を WTO 加盟国の大多数を占める途上国の自由化プロセスに適用することはできないだろうか。アジア太平洋経済協力会議(APEC)では、協調的自主的自由化という理念の下に、法的な拘束力を持たない自発的なプログラムが採用されている。WTO では貿易関連投資措置協定、衛生・検疫協定、関税評価協定、貿易関連知的所有権協定など、GATT

時代と比べると、原則的に途上国の多くが期限までに WTO 協定を厳格に適用することになった。途上国にとっては、GATT 時代には許されていた一般特恵などの許容範囲が狭まった。期限までに履行できない途上国が自発的にスケジュールを設定でき、それを他の加盟国が監視してゆく制度化がなされれば、単独主義のエネルギーを協調的に利用することが可能かもしれない。

しかし、国家主体による協調的な単独主義が非国家主体に受け入れられるとは限らない。グローバル市場において競争力のある企業や産業は、拘束力のある自由化を国際的に求めるだろうし、国内では新規参入を抑えるために既得権益を維持するレント・シーキング的な保護を求めるかもしれないからである。また、市民社会や NGO コミュニティは、労働や環境を保護するために、自由化を制限する方向で法の支配の強化を求める傾向にあるからである。

3 自由貿易とイギリス

ナポレオン戦争の終結以来地主を保護してきた穀物法や、中継貿易から利益を得ていたオランダ商船を締め出す航海法が、イギリスで廃止されたのは19世紀半ばのことである。そのうえでイギリスは、最恵国待遇を備えた通商条約をヨーロッパ各国と締結していった。その背景には、地主に対するブルジョワの台頭があった。スミス (Adam Smith, 1723-1790) は絶対権力と結びついた東インド会社の貿易独占権を批判し、限定的な政府と市民社会を前提とした自由貿易論を展開した。リカード (David Ricardo, 1772-1823) の

比較優位論とともに、古典的リベラリズムの基礎を築いた。

関税などの通商条件について最も有利な取り扱いを与えた国と同じ待遇を他の国にも与える最恵国待遇は、比較優位に基づいた自由貿易を多角的に推進するために重要な政策手段の1つである。GATT や WTO では全加盟国が互いに最恵国待遇を与えている。最恵国待遇の起源は1834年ドイツ関税同盟にあると言われる (Kenwood and Lougheed 1992)。それまで分裂していたドイツの国家群は最恵国待遇を採用することによって政治経済的な一体化が図られた。ここで注意すべきことは、関税同盟の加盟国にとっては一挙に自由化が推進されるのだが、加盟国以外に対しては相変わらず重商主義・保護主義的な貿易体制を想定していることである。換言すれば、恩恵の対象は限定されたクラブ会員だけとなる。こうした少数国主義あるいは複数国主義の形態は、今日の関税同盟や自由貿易地域 (FTA) でも見られる。これらは、グローバルな自由化に向けたステップとして GATT や WTO でも認められた例外である。しかし、貿易迂回効果があるのではないかとも指摘され、古い地域主義ブロックと同様に排他的となる危険性も孕んでいる。

19世紀には GATT や WTO のような制度は存在しなかったが、「世界の工場」としてのイギリスが中心となって自由貿易体制を進展させた。もともとスミスは単独主義的な自由化を支持したわけではなかったが、穀物法や航海法を一方的に廃止したイギリスは自国市場をヨーロッパ諸国に開き、最恵国待遇による通商条約によって他国市場でのイギリスの工業製品の受け入れを期待した。しかし、やがてフランスやドイツの保護貿易政策の復活によって、自由貿易体制はイギリスの思い通りには構造化されなかった。そ

れでもイギリスが単独主義的な自由化を維持したのは、はけ口を植民地に求めたからである。イギリスはインドと中国と三角貿易を行い、強大な軍事力を背景に関税自主権のない不平等条約を締結した。こうした自由貿易の「成功」は植民地支配のモデルとなり、他の列強も同様の政策を採った。

　パックス・ブリタニカの自由貿易体制が結局崩壊することになったのは、帝国主義的な対立が激化するなかでイギリスの軍事力の負担が大きくなっていったこと、ドイツやアメリカなどの新興工業国の競争力が高まってイギリスが占めていた市場を席捲し始めて、覇権国のパワーが政治経済的にも弱体化していったことが挙げられる。国際的なつながりが深化したため世界的な不況の連鎖も引き起こし、好況時には列強同士による国際協調が可能でも、恐慌時には帝国主義諸国間の対立が激化した。こうして自由貿易をとってきたイギリスも1920年代から不況と失業に揺らぎ、コモンウェルスにおける特恵関税制度を採用することになったのである。

　第2次世界大戦後のパックス・アメリカーナの下では、GATTを通じて自由貿易の規範が多角的に制度化されたが、初期の関税引き下げ交渉は、二国間で行われていたリクエスト・オファー方式を採用していたために、関税引き下げ品目数は伸び悩んでいた。鉱工業製品の一括引き下げによる自由化が急激に進んだのはケネディ・ラウンド交渉(1964〜67年)においてである。その後、71年のニクソン・ショックとブレトンウッズ体制崩壊のなか、新しい保護主義の傾向を抑えるために日本のイニシアチブで始まった東京ラウンド交渉(1973〜79年)でも、同様の一括引き下げ方式がとら

れたため、約3,300品目の関税引き下げが一挙に行われ、先進諸国の鉱工業品についての平均関税率も約33％下がった（筑紫1994）。

しかし、多角的な自由貿易体制強化の試みが完全に成功したわけではない。一括引き下げ方式に乗せることのできない品目は、相変わらず国別品目別にリクエスト・オファー方式で交渉が進められたし、農産物貿易や繊維製品についてはGATTの枠外とされた。さらに、関税率が低くなっても、石油危機後のスタグフレーションや世界同時不況の下での新しい保護主義として、非関税障壁（NTB）の問題が表面化してきた。ブレトンウッズ体制の崩壊や金融の自由化に伴い、サービス貿易という新しい分野の自由化をどうするかという問題も顕在化してきた。

こうした議論が多角的かつ公正に推進できればよいのだが、主要国への貿易量の偏在やGATT加盟国の増加などを背景に、1982年から開催されているアメリカ・カナダ・EU・日本による四極通商会議の非公式調整や、GATTやWTOのグリーン・ルーム会合のような主要貿易国の大使級の非公式会合など、少数の主要貿易国によって実質的な決定がなされるようになった。しかし、自由貿易が制度化されると、その体制を作り出した覇権国や主要国もその規範や制度化に縛られることになる。ウルグアイ・ラウンド交渉が妥結する頃には、イギリスは特恵関税を消滅させ、アメリカは時間的猶予をつけたが多国間繊維協定（MFA）を終了せざるを得なくなった。

WTO協定付属書1にあるように、かつてのGATTにおける商品貿易だけでなくサービス貿易や知的所有権にも同様の規範と制

度化が進み、自由貿易制度化の範囲も広がった。しかし、国際貿易レジームによる自由化のスピードは競争力のある企業や産業にとってはむしろ遅いとさえ映る。国家が戦略産業や企業を選ぶのではなく、企業が生産拠点としての国家を選ぶ時代になったと言われるのは、そうした相対的なパワーのシフトが現実化していることの表れでもある。

その一方で、自由化による恩恵やセーフティネットは必ずしも均等に配分されているわけではないので、グローバルな自由化に対する「反グローバリゼーション」の動きは、不況による失業者やNGOなど市民社会に根強くなっている。

4　公正貿易とGATT体制

第2次世界大戦後の1948年にはITO(国際貿易機構)設立を盛り込んだハバナ憲章が採択された。しかし、通貨・金融問題と違って国民の目につきやすい雇用に直接的に反映する貿易問題は政治化しやすかった。かつて国際連盟への不参加を決めた米国連邦議会は、今度はITO設立の批准を拒否した。イギリスも帝国特恵の存続を望み、途上国は幼稚産業保護を必要とした。こうしてITOは結局設立されないことになったため、暫定的な多国間関税引き下げ合意であった1947年GATTがそのまま戦後の貿易レジームとなった。GATTは単純に自由貿易を目指したと言うよりも、自由(free)で公正な(fair)貿易のためにデザインされたものである。純粋な自由主義の立場からは例外だらけの自由貿易体制と見えるだろうが、国内社会秩序に「組み込まれた(国際的な)自由主義」とし

て構造化されてゆくことになった。その理由はアメリカの覇権が存在したからであり、冷戦の開始によってアメリカがイギリスに譲歩する利害の一致があったからである。また、イギリスのケインズやアメリカのニューディーラーのように、市場原理に任せておくだけでは公正な取引や貿易が確保できないという理念が存在したことも重要である。「例外」はこうした公正理念を確保するための措置であるとも解釈できる。

公正とは平等なものを平等に取り扱うということだが、何を平等に取り扱うのかによって多義的に適用されている。GATTの相互主義に基づく関税引き下げ交渉における「公正」とは、引き下げ前後の関税率の一階差分における「衡平」性のことであった。例えば、関税率の10％削減が決まったとしても、現行関税率が高い国と低い国との差異は徐々にしか縮小されない。ラウンド交渉を繰り返してすべての加盟国の関税率が後退せずに限りなくゼロに近づいてゆけば、最終的な帰結としての「公平」性も達成される。しかし、そこに到達するまでの過程で既に低関税率を達成した加盟国にとっては、相対的な利得が感じられないようになった。

GATTの最恵国待遇は加盟国すべてが相互に平等扱いをされることである。この無差別原則を掲げる一方で、帝国特恵や関税同盟、自由貿易協定という例外を設けた。後になって途上国への一般特恵も認めた。こうした例外は保護主義の存続というよりも自由貿易への段階的実現のための措置として解釈された。また、内国民待遇（NT）は、同じ商品やサービスであればそれがどこでどのように生産されたかにかかわらず国内で生産されたものと同等の待遇を受ける原則である。しかし、内国民待遇は最恵国待遇ほ

ど明確に制度化されたわけではなかった。これも国内秩序への配慮であろう。さらに、数量制限を禁止して関税化する透明化原則についても、農水産物、国際収支、緊急措置、安全保障に関わる場合など、国内秩序を意識した例外措置が多い。

GATTでは、紛争解決メカニズムについても手続き的な「公正」が図られた。GATTでの紛争は、基本的には当事国間による協議によって解決することが期待されており、それで解決できなかったときにGATT紛争解決パネルに持ち込まれた。紛争解決パネルによる報告書が理事会で採択されれば、それに盛り込まれた勧告を関係者は受け入れることが期待された。しかし、その受け入れは自発的になされるものであり、必ずしも法的拘束力を伴うものだとは認識されていなかった。それが受け入れられない場合には、対抗措置をとることも認められていたが、実際に対抗措置がとられたのは1件だけであった(小寺2000)。

このような自由貿易と公正貿易の矛盾を孕んだGATTによる貿易体制は、その曖昧さゆえに加盟国数の増加、加盟国間の貿易絶対量の増加、関税率の低下を導いたようにも見える。1947年に23か国による交渉から始まったGATTは、ウルグアイ・ラウンド交渉開始時には125か国・地域が参加していた。このほとんどが途上国であったが、これを可能にした1つの要因が一般特恵関税制度である。これは60年代半ばから国連貿易開発会議(UNCTAD)を中心に検討された。プレビッシュ(Raul Prebisch, 1901-86)らは「交易条件」という概念を提示してそれを正当化し、70年代にGATTでも制度化された。多くの途上国の主要輸出品目である一次産品は自然条件の影響を大きく受けるため、先進国の工業製品に比べて

交易条件が悪くなる。「公正」貿易を確保するためには、特恵関税や所得保障などの矯正的措置が必要であるという議論がなされた。それは最恵国待遇に対する例外の追加であったが、途上国の十分な参加を得るために、先進国は途上国からの輸入品に対して先進国のそれよりも低い関税率を適用した。これにより途上国は「援助よりも貿易を」目指したが、「貿易よりも投資を」とはならなかった。75年には国連多国籍企業センターが設置され、多国籍企業の投資活動は途上国の発展にとってマイナスであるという観点から、批判的に研究された。しかし、やがて雇用創出や技術移転など直接投資のプラス面についての評価もなされるようになり、92年には同センターが廃止され、貿易だけでなく投資を歓迎する途上国が増加した。

自由貿易協定や関税同盟の存在は、保護主義の復活をある程度抑制することになったと考えられる。とりわけ、紆余曲折の末に決まったイギリスのEU加盟によってイギリス主導の欧州自由貿易連合(EFTA)とEC(欧州共同体)が結合され、欧州経済領域(EEA)が生まれた。帝国特恵関税のメリットを失うことになった旧英連邦諸国は、ウルグアイ・ラウンド交渉が長期化するなかで新しい地域主義のリーダーシップをとった。カナダ主導による米加自由貿易協定(CUFTA)(後にメキシコを加えた北米自由貿易協定(NAFTA))、マレーシア主導の東アジア経済グループ(EAEG)やその後の東アジア経済コーカス(EAEC)、オーストラリア主導のオーストラリア・ニュージーランド経済協力緊密化協定(ANZCERTA)やアジア太平洋経済協力会議(APEC)などの動きである。これまでグローバルな自由貿易体制から恩恵を受けていたアメリカでも

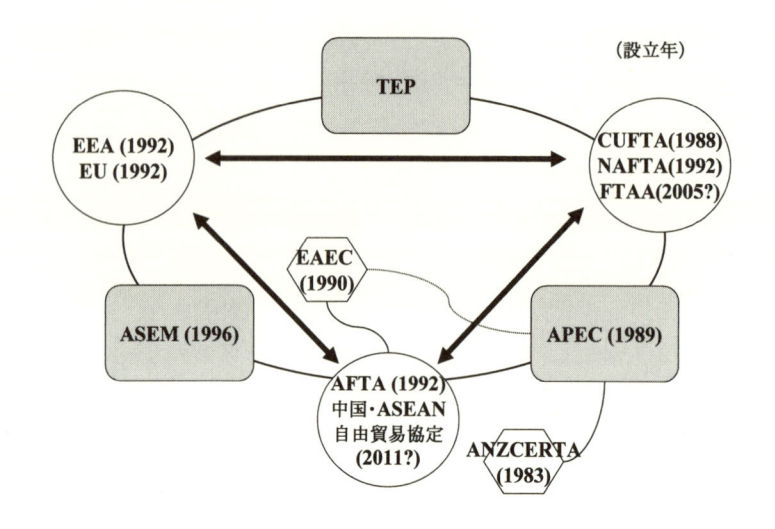

```
                    (設立年)
              ┌─────────┐
              │   TEP   │
              └─────────┘
   ┌─────────┐           ┌──────────────┐
   │EEA(1992)│◄─────────►│ CUFTA(1988)  │
   │ EU(1992)│           │ NAFTA(1992)  │
   └─────────┘           │ FTAA(2005?)  │
                         └──────────────┘
              ⬡EAEC(1990)
┌──────────┐                    ┌──────────┐
│ASEM(1996)│                    │APEC(1989)│
└──────────┘                    └──────────┘
              ┌──────────────┐
              │ AFTA(1992)   │
              │ 中国・ASEAN   │
              │ 自由貿易協定 │   ⬡ANZCERTA
              │ (2011?)      │    (1983)
              └──────────────┘
```

図5　地域主義のネットワーク化

　地域主義の動きが出てきたが、新しい地域主義にも2つの種類があることに注意を払う必要がある。欧州連合(EU)、米州自由貿易地域(FTAA)、ASEAN自由貿易地域(AFTA)は関税同盟や自由貿易地域であるのに対して、APEC、アジア・ヨーロッパ会議(ASEM)、大西洋経済パートナーシップ(TEP)は必ずしも自由貿易地域を目指しているわけではない。むしろ、これらは関税同盟や自由貿易地域が排他的な地域主義に向かうのを相互に牽制する意味合いを持つ。図5に示したように、これらの緩い協議体ネットワークの存在こそが、関税同盟や自由貿易地域を自由で公正な貿易体制とすることを担保しているように見える。

　しかし、GATTによる自由で公正な貿易の実現が徐々に難しくなっていると認識されるようになった。表4に示したGATTのラ

ウンド交渉に要した年数を見ると、後になるほど長期化する傾向にあり、最後のウルグアイ・ラウンド交渉が8年間と一番長い。長期化するほどそれだけ解決が困難な問題が多かったためだが、そのような問題にも古くから存在する問題と新しい問題とがある。古くからある問題の1つが農産物の自由化である。GATT は農産物貿易について例外的な数量制限や輸出補助金も認めていたが、アメリカをはじめとする輸出国グループと共通農業政策を採用したECが対立する形となり、ECの輸出補助金が自由で公正な貿易を阻害するかどうかが焦点となった。ウルグアイ・ラウンド交渉では国内支持や輸出補助金が削減されることになったが、農業分野における関税化とその関税引き下げ交渉が2001年の期限後の WTO 交渉でどのような展開を見せるか、食糧安全保障や雇用保障、食品の安全性や環境問題との関連でも多くの問題を孕んでいる。これは雇用や環境といった社会的「公正」をめぐる問題でも

表4　GATT／WTOの多角的貿易交渉

GATTラウンド交渉
第1次ラウンド(ジュネーブ・1947)
第2ラウンド(アネシー・1949)
第3ラウンド(トーキー・1950～51)
第4ラウンド(ジュネーブ・1956)
ディロン・ラウンド(ジュネーブ・1961～62)
ケネディ・ラウンド(ジュネーブ・1964～67)
東京ラウンド(東京・1973～79)
ウルグアイ・ラウンド(プンタデルエステ・1986～94)
WTO作業計画
作業計画(ドーハ・2002～06？)

ある。

　新しい分野では、サービス貿易や新しい形の保護主義などが問題となった。新しい保護主義に対処するために、輸出自主規制（VER）や輸入自主拡大（VIE）などの試みも実施されたが、例えば、日本製自動車の対米輸出額はますます増加し、アメリカの対日貿易赤字は増えた。数量を「自主的」に規制しても生産性をさらに向上させ、単位あたりの利益が上がる高級車を販売する戦略をとった結果である。さらにアメリカはドル安・高金利政策といった政策をとったため、日本やヨーロッパの企業は直接投資をして市場に近いところで生産をするようになった。しかし、アメリカは、現地調達（ローカル・コンテンツ）比率の引き上げなど、原産地規則を強化した地域自由貿易協定という新しい保護主義的な動きを見せている。

　公正貿易を法的・政治的手続きとして確保しようとしたGATT紛争解決メカニズムにも、限界が露呈してくる。GATT紛争解決メカニズムには期限が明示されていなかったために、迅速な対応をとることができないことや、紛争解決パネルの結論が受け入れられなかった場合には対抗措置をとることが認められていたことなどは、結果的に米通商法301条などアメリカの単独主義や「相互主義」を認めることになった。内容的には、貿易関連の投資、知的所有権問題、貿易と労働・人権問題、貿易と環境など、従来のGATTの枠組みだけでは対応しきれない分野に貿易関連紛争を拡散することとなった。

　そこで出てきたのが市場アクセスという新たな「公正」概念である。日本市場へのコメや半導体のミニマム・アクセス量を政府間

で決定する方式は自由貿易ではなく管理貿易であるが、市場アクセスのためのアファーマティブ・アクションとして正当化された。もともと英米を中心とした大西洋間の妥協だった自由で公正な貿易体制に日本や中国といった非欧米諸国が加盟してゆく過程において、「不公正」な貿易慣行の意味解釈が変わりつつある。関税引き下げにおける「衡平性」や紛争解決メカニズムにおける手続き的な「公正」では確保できない分配的な「公平」を達成するために、相手国の文化や社会構造をも問題にする傾向が先進国でも現れてきたのである。

また、多国籍企業が要求する公正さの対象も拡大している。80年代米国の貿易赤字は、特にこれまで競争力を持っていたハイテク産業分野で悪化が目立ち、莫大な研究開発コストを負担する企業は知的所有権の保護の観点から公正さを要求するようになった。世界知的所有権機関（WIPO）が、知識や科学技術は「人類の共同財産」であるという途上国の主張に有利に動いていたことに不満を持つアメリカなどの先進国は、ウルグアイ・ラウンド交渉でこの問題を取り上げることに成功し、著作権や商標、意匠、特許などの知的所有権を保護するルール作りをした。情報通信技術の進展により、電子商取引が盛んになると、知識集約的なソフトウェアやコンテンツそのものがますます重要となってくる。

市民社会におけるフェア・トレードという概念は政府や企業にとっての「公正」貿易とは異なる。UNCTAD などで出された交易条件を改善する「公平」な措置が、国家群や多国籍企業では実現しないと判断した NGO は、所得補償や環境や人権への配慮を直接達成しようとして自らオルターナティブ・トレードを始めるよう

になった。

5 協調的な貿易・投資とWTO改革

　1995年の WTO の成立によって、自由で公正な貿易の制度化は GATT 時代よりも協調的になされるように試みられている。しかし、必ずしも両立するわけではない自由貿易と公正貿易を非対立的にガバナンスしてゆくことは容易ではない。さらに21世紀のグローバル貿易体制は投資や人権や環境といった従来の貿易問題を超える分野を包括するようになり、WTO という国際機関だけではガバナンスできないほどに複雑化している。貿易対象商品やサービスそのものを公正に扱うルールだけでなく、それらを生産し消費し廃棄するプロセスまでもが、多様な主体によって協調的にガバナンスされる仕組みがデザインされる必要がある。覇権国による一人勝ちの自由貿易体制ではなく、多様な主体による協調的な貿易体制が要請される背景には、アメリカ覇権の相対的な衰退や多国籍企業や銀行のグローバル・ネットワークの拡大、人権や環境にも配慮した持続可能な開発概念が生まれてきたことなどが複雑に絡んでいる。

　ヘクシャー=オリーン=サミュエルソンの定理による新古典派の国際貿易モデルは、異なる国の異なる産業の比較優位に基づいた水平貿易(コラム6)を想定していた。しかし、ブレトンウッズ体制の崩壊により為替相場が不安定となり、新しい保護主義が台頭してくると従来の形の輸出入はますます相対化された。安い労働力や市場確保を求めてアメリカ以外の先進国からの直接投資も増

え、生産の地域化やグローバル化が進展した。情報通信技術革新による生産の垂直統合の高度化や、資本の自由化による多国籍企業の生産ネットワークがさらに拡大した。こうした進展に伴う貿易は、しばしば新古典派やケインズ経済学が想定していなかった産業内貿易であり、企業内貿易である。このような構造的変化がWTO交渉においても反映され、貿易と投資、地域主義、企業法などの項目が議論されている。

貿易のガバナンスが投資問題を包摂する動きと同時に、人権や環境分野との接合が顕在化している。WTO交渉でも地域レベルでの自由貿易交渉でも、人権問題が焦点となった。とりわけ賃金水準が高い先進国から低い途上国へ生産拠点が移動すると、先進国における産業の空洞化や失業が表面化する。単に経済的側面から安価な労働力が捉えられるのではなく、移行国や途上国における軍隊労働、囚人労働、児童労働によって生産された製品が輸出され、経済的にも人権的にも公正な競争を阻んでいるという認識がなされている。メキシコにおけるアメリカ国境に近いマキラドーラでは、労働組織を持たない若い女性労働者たちが、環境的にも劣悪な労働環境のなかで非常に安い対価しか得ていない。

賃金水準が高い先進国間でも、健康と貿易が人権問題との関わりで重要となっている。遺伝子組み換え作物・食品（GMO）の問題では、WTOの衛生・検疫協定で十分な科学的根拠がない限り輸入規制できないことが、予防原則から見て十分ではないという批判がある。GMOについてはヨーロッパ諸国が研究開発に出遅れたために、自国産業を保護しているだけだという反論もある。途上国の事態はもっと深刻である。多くのHIV／エイズ感染者・患者

を抱える途上国では、抗 HIV 医薬品の複製が知的所有権協定によって制約されていた(Orbinski 2001)。この件については最近の交渉で協定の例外措置とされることが決まったが、こうした動きが、途上国を新ラウンド交渉に巻き込むための単なる道具としてではなく、本格的な WTO 改革が協調的に進展してゆくことにつながることが重要である。

環境については、91年、94年のマグロ・イルカ事件をめぐる GATT 紛争解決メカニズムによる判断が、アメリカ政府や環境 NGO にその限界を意識させた。98年のエビ・ウミガメ事件についてアメリカのウミガメの保護措置を正当と認めなかった WTO 上級委員会の判断は、「反環境的」であるようにも見えるが、その論拠は、WTO 協定が前提としている環境保護や交渉努力をアメリカが申立国に対してしていなかった非協調的態度にある(小寺 2000)。つまり、協調的努力をしたうえでの最終的な措置であれば認められた可能性もあるという意味では、GATT 時代よりも持続可能な開発理念を保持しているのかもしれない。

WTO 紛争解決メカニズム強化の背景には、アメリカの単独主義的な対抗的措置を協調的に予防しようとした日本やヨーロッパ諸国の利害一致があった。WTO 紛争解決メカニズムにリバース・コンセンサス方式(コンセンサスで全員が反対しない限り否決されない)を導入したことによって判断の迅速化が図られると同時に、より公正な判断を確保するために上級委員会が新設された(Jackson 1998)。効率的で公正な制度化の効果を上げるため、勧告や裁定の実施も紛争解決機関によって監視されることになった。協調的なメカニズムを確保するために、この手続きをとらずにア

メリカの301条のような単独主義的な対抗措置をとることができないようになった。また、途上国が関わる紛争解決ケースに対しては、自制を行うことも規定された。

　WTOにおける協調的プロセスの制度化としては、紛争解決メカニズムが強化されただけでなく、紛争予防的な事前のメカニズムがデザインされたことにも注目したい。紛争解決メカニズムが貿易紛争の事後的対応を想定しているのに対して、事前的対応として貿易政策検討メカニズム（TPRM）による予防的監視体制が発足した。WTO協定付属書3によれば、すべての加盟国の貿易政策や貿易慣行が貿易政策検討機関によって定期的に検討される。WTO体制に大きな影響力を持つ四極メンバーについては、2年ごとに検討が行われる。貿易政策検討機関は、対象国が提出する報告と事務局が独自に作成する報告に基づいて検討し、その結果を閣僚会議に提出することになっている。こうした協調的なモニタリングが紛争予防に貢献することが期待される。

　WTOを中心とする新しい貿易体制が目指す自由で公正で協調的な貿易と投資のガバナンスは、どの程度成功しているのかを評価することは容易ではない。2001年ドーハでの第4回閣僚会議は、対米同時多発テロ以降の世界不況を回避するため、新ラウンド交渉（「作業計画」と改称）を発足させたことが評価されるが、実質的な成果は今後の交渉にかかっている。しかし、96年シンガポールでの第1回閣僚会議の成功と99年シアトルでの第3回閣僚会議の失敗が示唆的である。シンガポール閣僚会議の成功は、その後の商品分野での情報通信技術製品協定（ITA）の成立やサービス分野での基本電気通信サービス交渉と金融交渉の妥結に結びついてい

る。とりわけITAや基本電気通信サービスについて最恵国待遇、内国民待遇、市場アクセスをベースとした自由化は情報先進国に相対的に有利となる合意ではある。しかし、それはデジタル・ディバイドの解消を期待する途上国にとっても、さらなるコストダウンという意味から企業にも、そして情報ネットワークのグローバル戦略という意味から市民社会組織にも有利になりうるものであり、反対する勢力が少なかったことが成功要因の1つだったのだろう(宮家1997)。

　これに対してすべてのプロセスの凍結という形で終了したシアトル閣僚会議の失敗の背景には、途上国やNGOの様々な憂慮があった(Watal 2000)。投資や競争や環境、労働、文化などの新しい分野について先進諸国の利害対立もあったが、途上国の関心は、農業とサービスといった見直しが既に決まっていた議題(ビルトイン・アジェンダ)と貿易関連知的所有権、貿易関連投資措置、技術障壁、衛生・検疫、関税評価などの合意を途上国が実施に移す時期の延長問題にあった。にもかかわらず、相変わらず四極通商会議やグリーン・ルーム会合でコンセンサスを形成しようとしていたので、その不透明なプロセスが途上国やNGOの反感を増幅した。今やWTOの大半を構成する途上国にとっても有利に機能するはずの協調的コンセンサス方式の実態は、相変わらず四極による少数国主義やアメリカの単独主義による閉鎖的なプロセスだと認識されたのである。また、それは先進国の市民社会にとっても閉鎖的なプロセスに見えた。さらに複雑なのは、先進国の人権NGOや環境NGOが求める労働基準や環境基準の設定は、途上国から見れば途上国の輸出競争力に対する「保護主義」や「押し付け」

として映ったのである。

　ビジネスや市民社会も注目する貿易と投資の関連についてもグローバルな協調はうまく機能していない。95年から経済協力開発機構(OECD)を中心に交渉された多国間投資協定(MAI)は、フランスなどの先進国や途上国や NGO などの反対もあって妥結しなかった。投資分野でも最恵国待遇や内国民待遇など自由化を保障するルールを形成するとともに、紛争解決メカニズムなどの制度化が意図された。WTO でも貿易関連投資措置やサービス貿易一般協定(GATS)など投資規律を制度化する試みがなされたが、OECD での交渉の失敗の理由は、1つには、投資家や MAI 紛争解決メカニズムの優位性によって、国内的にも国際的にも主権国家の自律性が相対的に低下することが非公式の場で決定されてしまうことが懸念されたからである。また、途上国からすれば、途上国が関与していない OECD で決められたことが途上国にも拡大適用されることへの不満があった。NGO や市民社会にとっては、多国籍企業の投資家の権利が確立されることによって、人権、環境などがますます保障されにくくなるとの認識が相俟って MAI 反対の勢力が強化された。投資問題については、WTO 新ラウンド交渉で議論される見込みであるが、内容とプロセスの両面でMAI交渉失敗の教訓が生かされるべきだろう。

コラム６：垂直貿易・水平貿易と垂直分業・水平分業

　リカードが想定した比較優位を持つ財への生産特化による国際分業と自由貿易は、例えばイギリスの毛織物とポルトガルのワインのように工業製品と一次産品の交換（垂直貿易）であっても、それぞれに比較優位があれば、両国にとって絶対的な利益があるとされた。しかし、一次産品の生産に特化した植民地的なモノカルチュア経済の貿易は途上国にとって「交易条件」が不利であるという異論が提出された。また、比較的似たような産業構造を持つ先進国間の貿易では、工業製品間の交換（水平貿易）だったが、それも重化学工業製品と軽工業製品の交換というように、比較優位が異なる産業間貿易によって調和が保たれることが想定された。しかし、先進国間の水平貿易も後発工業国の追い上げによって貿易紛争や摩擦を引き起こすことになった。

　新興工業国の発展や為替変動に伴う国際競争力低下や貿易摩擦に伴う新しい保護主義を回避するために、また情報輸送手段の発達の恩恵を受けて、1970〜80年代に直接投資が急増した。先進国からの直接投資は現地産業の発展を阻害するなどの批判的な見方もあったが、資金だけの移転である証券投資とは対照的に、資金とともに技術や経営ノウハウの移転も見込める直接投資が途上国政府にも歓迎されるようになった。しかし、直接投資に伴う原料や中間財や製品の貿易は、多くは産業内貿易・企業内貿易となる。産業内・企業内における生産工程の垂直分業や製品間の水平分業は、ホスト国とホーム国の生産と貿易の形態に複雑な影響を与えるだけでなく、新古典派経済学やケインズ経済学のキー概念であった貿易や雇用や国際収支などについても再定義を迫っている。

第7章　地球環境のガバナンス

1　進化する環境戦略

　国際政治や国際経済のガバナンスに比べれば、地球環境ガバナンスの登場はずっと新しい。地球環境が国際関係の課題として本格的に取り上げられ始めたのは、20世紀後半のことである。具体的には1972年にストックホルムで開催された国連人間環境会議（UNCHE）がスタートである。ローマ・クラブの『成長の限界』が出版されたのもこの年である。これらが60年代末から70年代初めにかけての国際政治経済体制の構造変動と軌を一にするのは決して偶然ではない。OPEC の石油戦略の発動によるエネルギー「安全保障」、公害訴訟における「人権」としての環境権、酸性雨などの公害「輸出」や環境「赤字」など、環境問題は従来の政治経済発展の限界とともに表面化してきた。そのためもあってか、国際政治経済分野のガバナンスが2～3世紀をかけて進化してきたのと似たパターンが、1970年代から30年の短期間で見られる。地球環境ガバナンスは、まるで国際政治経済ガバナンスの遺伝子配列を読み込むようにして、進化の経路を猛スピードで追いついてきたようにも見える。

　環境問題は既存の国際政治経済レジームと接合し始めている。

例えば、貿易と環境については、GATT／WTO や地域貿易の枠組みでも議論されようとしている。開発と環境については、世界銀行、地域国際開発金融機関や二国間政府開発援助(ODA)のテーマにもなっている。「環境安全保障」や「総合安全保障」は、限定的ではあるが安全保障レジームの議題とさえなりうる。こうした既存のレジームのなかで、とりわけ地球環境ガバナンスのダイナミズムを生み出しているのが国連システムである(Chasek 2001)。国連機関としては、ストックホルム会議によって国連環境計画(UNEP)が創設された。10年後の82年ナイロビでの UNEP 管理理事会では、ストックホルムでの行動計画が主に南北格差によって進展していないとされ、環境と開発を結びつける戦略を考えるため、ブルントラント(Gro H. Brundtland, 1939-)らによる「環境と開発に関する世界委員会(ブルントラント委員会)」の設立につながった。ナイロビ会議の10年後の92年には、同委員会が広めた「持続可能な開発」という概念をテーマに、リオデジャネイロで国連環境開発会議(UNCED)〔コラム7〕が開催され、そのフォローアップのために国連持続可能な開発委員会(CSD)が設置された。2002年にはヨハネスブルグで持続可能な開発に関する世界サミット(WSSD)〔コラム7〕が開催される。

ほぼ10年ごとのステップで、国内の公害問題は国際政治問題となり、さらには途上国の経済・社会事情にも配慮して世界が管理すべき問題となり、やがて情報通信革命の追い風も受けて、多様な主体を巻き込んだ文字通り地球環境ガバナンスの必要性が認識されるようになった。そのなかで、汚染の事後対応から事前予防へ、資源の計画・管理から地球環境戦略のグローバルな調整が求

められるようになったのである。21世紀は「環境の世紀」と呼ばれることがあるが、こうした認識論的転回を推進している地球環境問題は、まさにグローバル・ガバナンスのモデルを先導している問題領域でもある。

「環境安全保障」や「地球公共財」という新しい概念については、環境問題を伝統的な安全保障の延長や防衛と同様の公共財として捉えることに賛否両論がある。軍事的な安全保障と環境安全保障には質的な違いがあるので、これらを混同するのは安全保障問題にとっても環境問題にとってもマイナスであるという意見もある（太田 1998）。しかし、軍事的な安全保障と地球環境は類似している点もある。例えば、伝統的な軍隊が空軍、陸軍、海軍という領空、領土、領海の安全を確保するために編成されたように、環境問題も大気、大地、水それぞれの要因の環境保全として捉えられる。大気環境としては酸性雨、オゾン層破壊、気候変動などの問題が生じ、陸環境問題としては有害廃棄物、生物多様性の喪失、森林破壊、砂漠化などが注目される。水環境としては、海洋や、国際河川・湖沼などの淡水資源をめぐる環境戦略が練られている。

比喩的に言えば、初期の国際環境ガバナンスの対象となった問題は、ブラウン・イシューと呼ばれる公害問題である。ブラウンというのは汚染を象徴する色で、表5に示したように、72年前後に焦点となったのは大気汚染としての酸性雨問題や土壌汚染や水質・海洋汚染がある。ストックホルム会議を契機として国際環境レジームが形成・強化された例として、酸性雨についての長距離越境大気汚染（LRTAP）条約や海洋汚染についての船舶による汚染防止（MARPOL）条約などがある。また、汚染や乱獲による野生動

表5 主な多国間環境条約

(署名年／発効年)

大気環境	陸環境	水環境
		国際捕鯨条約(46／48)
	ラムサール条約(71／75)	
	ストックホルム会議(72)	
	世界遺産条約(72／75)	
	ワシントン条約(73／75)	MARPOL条約(73／78)
LRTAP条約(79／83)		
	ナイロビ会議(82)	
		国連海洋法条約(82／94)
ウィーン条約(85／88)		
モントリオール議定書(87／89)		
	バーゼル条約(89／92)	
	リオ会議(92)	
気候変動枠組条約(92／94)	生物多様性条約(92／93)	
	砂漠化防止条約(94／96)	
京都議定書(97／05)		
	ロッテルダム条約(98／04)	
	ストックホルム条約(01／04)	
	ヨハネスブルグ会議(02)	

植物の種の絶滅危機も国際問題となった。NGO の国際自然保護連合(IUCN)による報告書レッド・リストは、赤信号を象徴する表紙の色で警告を発し始めた。ラムサール条約(特に水鳥の生息地として国際的に重要な湿地に関する条約)、ワシントン条約(野生動植物取引規制条約：CITES)、国際捕鯨条約などがその焦点となった。陸環境についての国際レジーム形成は、主権領土国家の制約もあってか、大気環境や海洋環境よりも遅れた印象がある。有害廃棄物

の越境移動やその処分について規制するバーゼル条約の交渉が始まるのは80年代になってからのことである。ヨーロッパ諸国の緑の党が政治勢力を拡大すると、森林保護や大気・水環境の保護や持続的利用が強調されるようになった。冷戦終結あたりから環境問題は、ブラウン・イシューからグリーン・イシューと呼ばれる環境保全問題へと比重が移る。80〜90年代になって、大気環境保全についてはオゾン層保護のためのウィーン条約や地球温暖化防止のための気候変動枠組条約が比較短期間で締結されたのに対して、海洋環境保全にも関わる国連海洋法条約は長い交渉期間を経てようやく妥結した。陸環境保全においては、遅れながらも森林保全や砂漠化防止のための国際レジーム形成が試みられている。

2 「共有地の悲劇」と公害対策

　18世紀にイギリスから始まった産業革命は19世紀には欧米各国に波及し、産業革命に伴う都市化と労働環境や生活環境が問題となった。19世紀後半から多くの先進工業国で化石燃料に依存した産業化が進展した。20世紀の先進国におけるフォード型社会は、テイラーイズムによる作業の標準化や、オートメーション技術による大量生産と福祉国家の労働者所得向上政策による大量消費とに特徴づけられる。しかし、大量生産・大量消費は生産と消費の両方のプロセスにおいて大量廃棄を伴うものであった。カーソン(Rachel Carson, 1907-64)が1960年代初頭に『沈黙の春』で指摘したように、農薬を中心とする化学物質も汚染源と被害の範囲を広げてきた(Carson 1962)。重化学工業化に伴う大気汚染、水質汚濁、土

壌汚染などの公害問題は、物理学的、化学的、生物学的、さらには地学的要因が単独あるいは複合的に作用して生じる。

なぜこのような問題が起こるのか。いくつかの説明があるが、有力な理論の1つにハーディン (Garrett Hardin, 1915-2003) の「共有地の悲劇」がある (Hardin 1968)。もともと中世のイギリスで家畜の放牧に使われていた共有地 (res communis) が過剰放牧によって疲弊してしまった経験に基づいている。戦争や病気によって人間や家畜の数が限定されていた時は表面化しなかったが、社会が安定すると各農家が自己利益を追求して家畜を増やすことになり、環境収容能力を超えてしまった。1頭の家畜を増やすことのメリットとデメリットを比較すると、メリットは小さくてもデメリットはすべての農家によって負担されることになるから、個人の合理的な行動が結果として悲劇を生むことになる。この説明によれば、汚染や公害は自然環境が共有地だからこそ生じるのである。そこに含意される解決策は、共有地を共有地でなくす戦略である。

1つの戦略は、共有地を私有地化して私的所有権を設定することである。つまり誰も負担しなかった共有地の牧草の再生コストを、囲い込み（エンクロージャー）によって市場経済に内部化させ、各農家に負担させる。再生が自分だけの利益になることが明確になれば、囲い込んだ環境の再生コストを進んで自主的に負担するだろうという前提がある。毛織物市場の拡大とともに16世紀イギリスで実施された囲い込みは、領主によって非合法に行われていたが、18～19世紀の産業革命期には食糧増産のために政府の奨励によって実施された。ここでの政府の役割は、間接的に囲い込み活動を合法化することだけである。

もう1つの戦略は、公共財としての性格を政府の規制によって強化し、究極的には共同体や国家の財産とすることである。自然資源へのアクセスや利用を共同体や国家権力によって規制できるという前提がそこにはある。旧ソ連邦の社会主義計画経済の下では、コルホーズと呼ばれる集団農場で土地や農具などが共有された。ソフホーズと呼ばれる国営農場では土地や生産手段が国有化された。日本などにおいても協同組合による管理や政府規制による汚染や公害の防除などが試みられた。

今日の環境戦略も、市場による効率性や自主規制的な行動を信頼した環境戦略と、政府による規制や管理・計画を信頼した環境戦略という2つのアプローチを両極にして、その間に様々な措置が進化している。前者のアプローチは、市場社会における消費者と生産者双方それぞれの権利の強化に分類される。消費者の権利強化について国家や政府がとる方策は、大気汚染防止法や水質汚濁防止法などの公害対策法の立法措置やそれに基づく行政措置である。また、司法措置として様々な公害裁判があり、科学者や医師による科学的立証があった。裁判で敗訴した生産者は莫大な賠償金支払いという形で環境コストを負うことになり、被害者の権利が強化されていった。生産者の権利強化としては、アメリカを中心に実施されている排出権を市場で取引させるアプローチなどがある。汚染者負担の原則に従って市場主体が私的利益を追求するためには、技術革新による汚染物質の排出削減が期待されている。

政府による規制強化で公共財へのアクセスを直接制限する方法としては、特定有害物質の使用禁止やその排出基準や環境基準の

設定がある。排出基準とは汚染源からの汚染物質の排出自体を制限する方法で、環境基準とは生活環境や健康への影響についての評価基準である。大気汚染、水質汚濁、土壌汚染、騒音・振動などの基準を設定し、違反者には厳罰をつけるなどの直接的規制がなされる。政府による規制を汚染物質そのものにかけるだけではなく、民主的プロセスにもかける方法として環境影響評価(EIA)が挙げられる。60年代末にアメリカで制定された国家環境政策法(NEPA)によって住民や専門家によるアセスメント体制が生まれ、各国に広がっている。

国内において、このような環境戦略が有効に機能する条件とはどのようなものだろうか。まず、私有権の設定や市場活用型アプローチについては、環境属性やその他の理由によって、環境保全が自己利益につながらないと判断されるときには機能しない。イギリスでの囲い込みによって牧草の再生が確保できた1つの理由は、肥沃な土地と囲い込みができる政治経済的条件があったからである。大気や海洋の保全や移動性の高い動物の保護などの場合には、囲い込み自体の実現可能性が低い。また、消費者の権利を強化しても、汚染者自体が負担するコストが大き過ぎても小さ過ぎてもうまく機能しない。市場の失敗があるときには、国家による直接規制が要請されたが、これも政治権力の意志や法的拘束力の実施能力が欠如している場合には機能しない。例えば、ケインジアン政策のモデルとされたアメリカのテネシー渓谷開発では、洪水防止や土壌改善も図られたが、失業対策や経済成長が優先目的であったので環境破壊も見られた。旧社会主義国や途上国では、法整備がなされても、開発優先政策や技術革新の遅れが環境問題

の解決も遅らせることになっている。

　今後も国内の政策や措置としては、個人や企業の所有権を前提として汚染者負担の原則によって自主的な取り組みを促すという方法、汚染者保障の原則を含む国家規制を強化する方法、さらに市場メカニズムと規制的手法を組み合わせた混合手法などの政策がとられるだろう。環境税も政府の強制力による手法であるが、間接的に市場メカニズムを利用しているという意味では混合的な経済手法であると見られている。こうした方法が効果を上げるには、最終的には国家や非国家主体の意志と能力の存在が前提となっている。

　空間的なガバナンスの方向としては、サブナショナリズムとトランスナショナリズムの行方が注目される。地方公共団体の権限強化は、囲い込みと同様に空間的な分権であるが、私有権ではない。政府の直接規制ではあるが、中央集権ではない。とりわけ汚染の範囲が地域限定的である場合には補完性（サブシディアリティ）の原則による対応が効果的であろう。ドイツ州政府の環境についての権限の大きさや国際環境自治体協議会（ICLEI）の削減クラブの活動などが示唆的である。トランスナショナルな「囲い込み」的行為とも見られる例としては、80年代にラテンアメリカ諸国で多く試みられた債務と自然環境とのスワップ取引がある。国際 NGO や外国政府が途上国政府の累積債務を買い取る代わりに、現地政府が特定地域の自然保護を約束する取引メカニズムである。しかし、かつてイギリスでの囲い込みが多くの失地農を生み出したのと同様に、このスワップによって土地を「囲い込む」ことが、そこに住む原住民の伝統的なライフスタイルを制限・破壊

することが社会問題となった。一方的ではなく、多様な主体と協調して政策や措置を導入することが必要となっているのである。

3 越境汚染と環境外交

　ある国が公害対策のために単独で高い排出基準や環境基準を設定すると、結果として国境を越えて汚染が広がることがある。酸性雨の原因となる窒素酸化物(NOx)や硫黄酸化物(SOx)の排出は、工場や火力発電所、交通機関が発達した先進工業諸国に集中していた。地元への汚染や国内の排出・環境基準をクリアするために煙突を高くした結果、風下の近隣諸国や他の地域に汚染が拡大した。とりわけイギリスや中西欧諸国からの大気汚染物質の排出によって直接の影響を受けたスカンジナビア諸国や、アメリカの工業地帯が集中する五大湖に隣接するカナダの関心が高く、ストックホルム会議がスウェーデンで開催されたことや、その事務局長にカナダ人のストロング(Maurice Strong, 1929-)が選ばれたこととは無関係ではない。ストックホルム会議の開催は、こうした国の利益を国際的な取り組みによって確保しようとする環境外交の成果でもあった。

　もともと主権国家の領土・領空・領海を超えた越境空間には、他国の主権が及ぶ空間と、公海や南極大陸や宇宙などの共有地的な空間があった。ストックホルム会議で採択された人間環境宣言には、多くの先進的な規範や原則が含まれていたが、越境空間における国際環境ガバナンスで注目されるのは国家の権利と責任についての原則である。その第21原則は、「自国の資源をその環境政

策に基づいて開発する主権的権利を有する」としたうえで、「自国の管轄又は管理の下における活動が、他国又は自国の管轄外の区域の環境に損害を与えないよう確保する責任を負う」とした。国際社会において自国の資源について開発主権を明文化したことは、国内社会における囲い込みによる私的所有権の設定と似ている。主権が及ぶ範囲外について、汚染国の責任と被害国の権利を正式に認知したことは、国内における汚染者負担の原則と被害者の権利強化と同じ論理である。その被害者に対する責任と補償については、それに関する国際法をさらに発展するように国際協力をしなければならないとされたが、強制力を行使できる政府が存在する国内レベルでの民間主体に対する論理を、そのまま世界政府が存在しない国際レベルでの主権国家主体に適用したところに注意する必要がある。

酸性雨問題に対処するために、ストックホルム会議を契機として、国連欧州経済委員会を中心に創設されたのが長距離越境大気汚染(LRTAP)条約である。LRTAP 条約はイギリスやアメリカなど排出国の消極的な姿勢に阻まれたが、83年の発効以降は一連の議定書交渉によって強化されてゆく。先進国の酸性雨は近年改善されてきたと言われるが、その成功要因として科学的な排出源モニタリング・システムによる監視の下で、地域国が自主的に排出削減を約束してゆくメカニズムがあった。これは仲間の監視圧力のなかで寄付金を集める現象と似ているので「奉加帳外交」と呼ばれた(Levy 1993)。このような情報ネットワークによる酸性雨監視レジームは環境戦略として注目すべきものである。しかし、実際の酸性雨の改善がこれによる効果なのかどうかは必ずしも明らか

ではない。その効果があったとしても科学的監視ネットワークの整備は先進国地域に限定され、途上国への財政的メカニズムなどは発展していない。

五大湖やライン川の水質汚染を防止するレジームも70年代に整備されたが、その多くが先進国を中心としたもので、しかも限定的な問題領域だったから進展したのかもしれない。海洋汚染防止については、ロンドン海洋投棄条約やMARPOL条約が強化されて、オイル流出事故も従来と比べれば減った(Mitchell et al. 1999)。いくつかの流出事故を契機にタンカー会社によるレジームや補償制度も整備された。原油を輸入する先進諸国の市場主体が、汚染者負担の原則を受け入れて応分の資金をプールしておいた方が賢明だと判断するようになり、しかもそれだけの資金的余裕や技術開発能力があったからだろう。

野生生物の保護については、ラムサール条約やワシントン条約がある。これ以前にも絶滅危惧種の保護条約がなかったわけではないが、国際制度としての広がりや深さ、事務局の創設などの点で本格化したのはストックホルム会議が契機である。両条約ともに、絶滅のおそれのある種や重要な生態系としての湿地を、国際的に合意された形でリストアップすることがメカニズムの中心となっている。対象種目については、非加盟国との取引にも証明書を要求するなど、遵守メカニズムの工夫がなされたが、途上国をはじめとする生産国や消費国の社会経済的な利益への配慮が弱い。そのため各国の経済的利益とはあまり関係のない種の保護は概して機能するが、関係するものについてはうまく機能していない。例えば象牙取引などは、禁輸措置をとるとかえって市場価格

が高騰して乱獲が増え、むしろ持続可能な形で生産している国がコストを負う懸念がある。ストックホルム会議でアメリカによって即時モラトリアムが提案された捕鯨については、国際捕鯨委員会(IWC)を舞台に日本やノルウェーなどの捕鯨国と捕獲禁止を求める諸国の対立が続いている。科学的調査目的と原住民による捕鯨以外の商業捕鯨は禁止されたが、文化的・科学的対立の背後には経済摩擦や鯨油の代替物を開発した企業の利益があるという指摘もある(梅崎1986)。いずれにしても、野生生物の保護の強化が意図的に、あるいは意図せざる結果として、本来の目的とは別の関係国の利害に深く関係しうることに注意する必要がある。

主権国家管轄外の区域の環境資源について、主権国家による「囲い込み」化現象が端的に表れているのが公海の縮小や排他的経済水域(EEZ)の設定である。もともと公海自由の原則は、17世紀の初頭に、当時の覇権海洋国家オランダの法学者グロティウス(Hugo Grotius, 1583-1645)がその概念を唱えてから国際的に受け入れられるようになった。19世紀の覇権海洋国家イギリスはこの公海自由の原則の利点を享受して、必要に応じてこの国際ガバナンスを維持・強化した。しかし、20世紀に入り、イギリスに代わって公海の自由を維持する力をどの国も持たず、19世紀的規範やルールが崩れてゆく。領海や公海について、成文化されたルールを再構築したのが、第1次世界大戦後のハーグ会議(1930年)や第2次世界大戦後の第1次国連海洋法会議(1958年)と第2次国連海洋法会議(1960年)だった。これらの会議では、領海3海里とともに公海自由の原則が明文化された。共有物だからすべての人が自由に使えるという公海自由の考え方は、船舶の航行や漁業資源を含む海洋

環境に悪影響を与えるような使用も排除していない(布施1999)。これは海洋版の「共有地の悲劇」である。これを回避する1つの戦略が沿岸国による公海の「囲い込み」であった。1972年に始まった第3次国連海洋法会議では領海が12海里に広げられ、さらに接続水域や排他的経済水域が設けられた。これによって沿岸国の領海所有権が強化されることになった。しかし、こうした対応では内陸国や途上国の利益が軽視されがちとなり、南北問題の文脈で不満や限界が顕在化してゆく。

4 「人類の共同財産」の世界管理

　ストックホルム会議を契機に進展を見せた国際環境レジームの多くが、先進国を中心とする特定の資源や環境の保全といった色彩の強いものとなり、より広範な生態系としての認識や途上国にとっての社会経済的側面への配慮が欠けていた。途上国側からすれば、先進国主導の国際環境ガバナンスは自然保護に名を借りた「緑の帝国主義」とさえ映った。ブレトンウッズ体制が崩壊した70年代には第3世界から「新国際経済秩序」(NIEO)が提唱されて資源ナショナリズムが高揚し、南北問題が80年代の環境戦略に大きな影響を与えた。そうした認識の変化は、82年のUNEP管理理事会特別会合でのナイロビ宣言や同年に国連総会で採択された世界自然憲章にも見られるが、先進国中心の国際環境ガバナンスから途上国を含む世界による共同管理への超克の理念となったのが、「人類の共同財産」概念である。この概念は1967年の国連総会でマルタのパルドー(Arvid Pardo, 1914-99)大使が初めて公式に唱えたも

のだが、その重要な要素は公平・公正である。公平性を政治的に実現するために、途上国の責任や権利が先進国とは異なることが確認された。また、環境問題をめぐる国際紛争が生じたときには、公正に紛争を解決するメカニズムの整備が求められた。さらに公平性を経済的に実現するためには、途上国への資金や技術の移転を確保するメカニズムの整備が要請された。

　大気環境については、80年代半ばに南極上空でオゾン・ホールが科学者によって確認され、健康や環境へのリスクが世界的問題となった。85年にはオゾン層の保護のためのウィーン条約が締結されたが、当初のアメリカのレーガン政権は、オゾン層を破壊するクロロフルオロカーボン(CFC)などの化学物質の規制や全廃に消極的であった。開発の権利を失いかねないという危惧から途上国も規制に抵抗していた。CFCやハロンなどオゾン層破壊物質の全廃を目指したモントリオール議定書交渉が成功した要因の1つは、アメリカ企業による代替フロンの開発でアメリカが態度を変更させたことにある。他国がその代替物を使うことを促すモントリオール議定書は政治的にも経済的にもアメリカに有利になるからである。もう1つの理由は、モントリオール議定書では、CFCやハロンをそれほど消費していない途上国の開発の権利に公平に配慮するように、据置期間や差異化された目標年や削減率が設定されたことがある。さらに、途上国や移行国が代替フロンを使用するコストを軽減するために、多国間基金や地球環境ファシリティ(GEF)などの資金があてられるようになったことも重要である。モントリオール議定書のデザインは比較的成功したと見られるが、工業用途中心の CFC やハロンだけでなく、農業でも使用

されるオゾン層破壊物質も交渉対象となると、途上国の抵抗は大きくなる。破壊物質が成層圏に到達するまではタイム・ラグもあるので、オゾン・ホールの拡大は依然として続いている。

80年代以降の南北問題に絡む陸環境としては、先進国から途上国への有害廃棄物の越境移動の問題がある。70年代に先進工業諸国で規制が強化され処理コストが上昇したことや、80年代に途上国の累積債務問題が深刻化したことなどを背景に、途上国への有害廃棄物の移動が急増した。89年に採択されたバーゼル条約は、廃棄物の越境移動を最低限に抑え、原材料になるべく近い状態で廃棄し、量的にも質的にも有害性を最低限度にすることが目的とされた。しかし、越境移動自体を禁止したわけでないことに不満を持ったアフリカ諸国は、むしろ有害廃棄物の越境移動が正当化されてしまったと批判を強め、独自に有害廃棄物の輸入を禁止するバマコ条約(1991年)を締結した。バーゼル条約は、90年代に入って技術協力信託基金や技術移転のための地域センターを設置し、途上国への全面輸入禁止の修正条約や補償議定書を採択したが、アメリカをはじめとする先進国の協力が得られていない。いくつかの問題点があるが、リサイクル目的とした越境移動や特定国を差別化することと WTO の無差別原則との非整合性などが指摘されている。さらに、有害廃棄物の定義自体にも限界があり、今後は廃棄物以外の有害化学物質や環境ホルモンも対象となるロッテルダム条約や残留性有機汚染物質(POP)規制条約(ストックホルム条約)などのレジームとの連携を強化してゆく必要があるだろう(進藤2000)。

水環境では、73年から交渉が始まった第3次国連海洋法会議が

82年に妥結した。なぜ10年近くも時間がかかったのか。それは、領海に代表される国家主権や公海自由という第1次及び第2次国連海洋法会議でコード化したばかりの国際ガバナンス原理と、「人類の共同財産」という新しい世界ガバナンス原理との調整に時間がかかったからである。国連海洋法条約では、これまで3海里だった領海を12海里まで広げただけでなく、「接続水域」という主権が部分的に及ぶ区域を24海里まで設置した。さらに、「排他的経済水域(EEZ)」を200海里まで設置できるようにした。さらに大陸棚に関するルールも定めて、それまでは「公海」であった区域を国際的に管理することで沿岸国の主権との妥協を図った。その結果、新しい公海の区域は狭まってしまったが、公海の下に位置する深海底を「人類の共同財産」であることを成文化することに成功したのである。

　国連海洋法条約における技術移転や紛争解決についての規定は重要である。とりわけ、国際海洋法裁判所が制度化されたのは他の環境レジームの世界管理モデルとなりうる。しかし、南北問題の解決に有望視されていたマンガン団塊などのレアメタルが存在する深海底が、すべて「人類の共同財産」として管理される制度化が完成したわけではない。アメリカを中心とする先進技術国の利害との妥協によって、深海底は、世界が管理する国際深海底機構(ISA)と先進国のパイオニア企業が半分ずつ開発できるパラレル・システムとなった。こうして出来上がった制度でさえアメリカは批准せずに孤立化している。

　しかし、「人類の共同財産」という認識や環境資源の世界管理の制度化が与えた影響は大きい。例えば、世界遺産条約は「世界」と

「遺産」というこの時期に強調された2つの概念によって、国家主権によって分断される文化遺産や自然遺産の指定を広げてきた(磯崎1999)。国家主権を前提としながらも、「世界」という社会的認識や将来世代の「遺産」という概念を採用したところに、持続可能性の芽生えが見られる。こうした認識変化が支える1つの構想として、世界環境機関(WEO)がある。グローバル・ガバナンス委員会は、信託統治理事会を改組して環境安全保障を担当することを提案している。様々な環境レジーム間の整合性と調整を進めるようなガバナンスは必要であるが、国際通貨基金や世界貿易機関と同じようなヒエラルキー組織としてではなく、多様な主体によるネットワークが求められているのではないか。

途上国の環境悪化は資金不足によって進んでいるというブルントラント委員会の指摘を受けて、資金や技術移転を推進するために地球環境ファシリティ(GEF)が設置された。これはもともとUNDPから世界資源研究所(WRI)への委託研究によって提案されたものである(米本1994)。91年からのパイロット期間を経て、94年に改組された。途上国は森林破壊対策や砂漠化防止のプロジェクトについても対象とすることを要求したが、世界の共通利益と見なされる対象は、気候変動、生物多様性、国際水域、オゾン層の四分野のみに限定された。実施機関はUNDP、UNEP、世界銀行で、GEFの政策決定は評議会で行われる。コンセンサスが得られないときは、一国一票と拠出金の加重表決を組み合わせた二重多数決方式で意思決定がなされる。このため、拠出国の意向が重視されると批判されており、公平性を実現するための資金メカニズムとしては調達面でも配分面でも再検討が必要であろう。

5 「持続可能な開発」と地球環境ガバナンス

　地球環境ガバナンスの中心理念は、リオ会議のテーマとなった「持続可能な開発」である。この概念はもともと70年代末に国際自然保護連合(IUCN)と世界自然保護基金(WWF)と国連環境計画(UNEP)による『世界保全戦略』で提唱されていた。80年代は先進国と途上国の空間軸における公平が注目されたが、90年代以降はそれに加えて世代間公平という時間軸が強調されるようになった。ブルントラント委員会は、この概念を「将来の世代のニーズを満たす能力を損なうことなく今日の世代のニーズを満たす開発」(WCED 1987)と定義したが、少なくとも3つの意味を持つようになっている。1つは、持続的な経済成長である。世界銀行などが主張するように、将来にわたって経済成長を続けていくためにも資源や環境の保全が大切だという考えである。もう1つは、持続的な人間開発や社会開発である。国連開発計画(UNDP)が主張する人間の安全保障とも重なる。持続的な経済成長と人間開発・社会開発という目標は、冷戦期に西側諸国と東側諸国がそれぞれに優先的に追求してきた価値である。冷戦終焉後に、これら2つの価値観を止揚する形で顕在化した3つめの持続可能性として、生態系的に持続可能な開発が位置づけられる。

　グローバル社会で、この価値観を実現するにはどうしたらよいのか。リオ宣言によれば、国家主体だけではなく、企業やNGOをはじめとする多様な主体の「新しい公平なグローバル・パートナーシップの構築」によって可能となるとしている。リオ会議で

採択されたアジェンダ21では、主たるグループとして、女性、青年、先住民、NGO、地方公共団体、労働組合、産業界、科学者団体、農民などの参加や役割強化が指摘された。

　こうした理念や原則がリオ会議で実際にどの程度制度化されたのか。もともと個人や国家の規範となるように作成が意図されていた地球憲章は、法的拘束力のないリオ宣言となった。また、期待されていた包括的な森林条約は結実せずに、リオ会議で採択されたのは気候変動枠組条約と生物多様性条約の2つだけであった。とりわけ陸環境に関わる森林条約は、先進国と途上国の対立で法的拘束力のない原則声明となり、先進国に直接的な利害がないと見られた砂漠化防止条約の採択は遅れた。

　地球温暖化を含む気候変動問題は、対象化学物質の発生源や影響が比較的局地に限定されている酸性雨やオゾン層破壊と異なり、発生源も影響も文字通りグローバルな問題である。南北問題も強く影響するが、途上国間でも、温暖化の深刻な影響を受ける島嶼国と化石燃料を輸出する石油産出国では利益が対立する。先進国間でも、海面上昇で被害を受けるオランダと二酸化炭素を大量に排出するアメリカとは利害対立がある。複雑な利害対立のなかで気候変動枠組条約や京都議定書が締結された背景には、気候変動政府間パネル(IPCC)などの科学的な認識共同体の積極的な関与があった。また、京都議定書の合意には、「共通だが差異ある責任」(リオ宣言第8原則)によって、温室効果ガスを排出して経済成長を遂げてきた先進国が、途上国よりも先に削減努力をすべきであるとしたベルリン・マンデートの前提があった。冷戦後の激動する国内外の政治経済状況において、二酸化炭素排出量の一方

的削減を決めたドイツを中心とするEUが、産業競争力の低下を不利にしないためにアメリカや日本と協調しようとした意図もあった。京都議定書の削減目標は、即座に60％以上排出削減する必要があると警告したIPCCの目標には程遠いが、この京都合意でさえ、実際に達成してゆくためには京都議定書から離脱するアメリカや主要な多国籍企業の態度を変更させる必要がある。しかし、アメリカや市場がいつも反環境的であると考えるのは単純過ぎる。ヨーロッパの環境NGOの科学者は、気候変動によって損失を受ける損害保険業界を説得して、拒否連合を切り崩そうとした。石油業界でさえ、もともとオランダやイギリスに本拠地を置く石油会社は、アメリカの石油会社を中心とするネットワークとは異なる動きを見せ始めた。また、市場における燃料電池の研究開発競争の行方次第では、アメリカ政府の態度が変わる可能性もあるので、多様な主体の連携の動向を見極める必要がある。多様な主体間の連携だけでなく領域間の連携も重要である。今後の大気環境は、酸性雨やオゾン層破壊も含めて、気候変動レジームに連携ないしは包摂されてゆくだろう。また、温室効果ガスの吸収源となる森林や貯蔵庫となる海洋のレジームとも連携を深めていくべきである。気候変動は砂漠化を促進させる可能性もあるので、砂漠化防止レジームとの整合性も必要である。

　リオ会議以降の陸環境をめぐる動きは、生物多様性、砂漠化、森林、化学物質などが焦点である。生物多様性という概念は、対象を特定したラムサール条約、ワシントン条約、世界遺産条約よりも包括的なものだが、実際には遺伝資源や知的所有権をめぐって、先進国と途上国の政府、企業、市民社会のパワーと利害と価値観

が錯綜している。生物多様性の保全とその持続的な利用にも公正なメカニズムが不可欠であるが、遺伝資源が「人類の共同財産」なのか「主権的権利」なのか「知的所有権」なのかで揺れた。先進企業が研究開発した成果を独占的に利用することをおそれた結果、遺伝資源原産国の主権的権利と提供国の情報交換と技術移転や資金供与の義務を規定した。これらが有効に機能するためには、とりわけ監視や事前同意がどれだけ有効かにかかっている。例えば、遺伝子組み換え食品・作物(GMO)については、バイオテクノロジーや国際貿易投資の進展と生物多様性の喪失や食品の安全との狭間で揺れている。2000年に採択されたカルタヘナ議定書は、表示や事前情報の合意について適用範囲を定めた。しかし、研究開発に遅れをとったヨーロッパ諸国や途上国と、研究開発に先鞭をつけたアメリカを中心とする輸出国グループとの間で、WTO における貿易や投資のガバナンスとの整合性について駆け引きが続いている。

　砂漠化防止条約の締約国会議には、政府だけでなく国際機関やNGO などの協力や参加を認めることが規定された。この点は先進的なガバナンスの側面であろう。しかし、資金メカニズムについては、砂漠化防止条約のための基金は存在せず、どれだけ実効性があるのかが懸念される。砂漠化は先進国にとって直接的に深刻な問題だと捉えられなかったため、新たな資金供与を約束させることができなかった結果であろう。しかし、積極的には「グローバル・メカニズム」と呼ばれる仕組みには、既存の様々な資金メカニズムの調整をすることが期待されており、これまでの国際援助を超えたパートナーシップ協定による調整が期待されている。

　包括的な森林条約については、リオ会議開催後にも、森林に関

する政府間パネル(IPF)や政府間フォーラム(IFF)で交渉が続けられたが合意にいたらなかった。2001年には国連森林フォーラム(UNFF)も新設されたが、森林が主権国家の領土に存在することや、政府規制が及びにくい私有林の存在などが交渉を困難にしている。森林自体の位置付けの違いも問題を複雑にしている。途上国に多く存在する熱帯雨林だけを扱うのか、先進国の温帯林や冷帯林も扱うのか、森林資源を経済成長のための資源と見るのか、人間を含む動植物の生活圏と見るのかによっても変わってくる。包括的な森林管理については、多元的な持続可能性のバランス追求とその監視・促進のためのメカニズムの確立が議論されるべきだろう。

こうした様々な環境問題における動きが、政府や企業や NGO のネットワーキングにも変化を与えている。積極的に政府が多様な主体とのパートナーシップをネットワークすることによって、環境ガバナンスに効果を上げてきたのがオランダである。将来世代の青少年を UNCED に公式代表として参加させたオランダは、政府、自治体、産業界、企業、市民との協調によって廃棄物削減などの実績を上げてきた(長坂 2000)。単独で導入すると競争力低下にもつながりかねない炭素税の導入などを、EU や他の主要国と導入することで実効性を上げようとの思惑もある。グリーンピースや地球の友のような国際環境 NGO の本部もオランダにあり、政策立案の段階から NGO とのパートナーシップを築こうとする姿勢が強く見られる。

多国籍企業を含む産業界の役割について、ストロング UNCED 事務局長は、スイスの企業家シュミットハイニー(Stephan Schmidheiny, 1947-)をアドバイザーに任命し、持続可能な開発の

ための経済人会議(BCSD、後に WBCSD)が創設された。こうした動きはもともとスイスの機関から発展した国際標準化機構(ISO)の14000シリーズへと結びついた。自主的な標準化だが、WTOの技術障壁協定ではISOに準拠することが原則となった。多数票を持つヨーロッパ諸国の企業に有利な形でISO標準化が進められているという指摘もある(碓氷1999)。環境面でのグローバル・コーポレート・ガバナンスでも国家間や企業・産業間で熾烈な競争が展開されているのである。

　NGO コミュニティにも変化が現れている。ストックホルム会議ではNGOによる並行会議が初めて開催された。UNCEDでは並行会議だけでなく、UNCED 準備過程からのオブザーバー参加が認められた。このプロセスはその後の持続可能な開発委員会において、あるいはUNCED以降に開催された人権、社会開発、女性、人口などについての一連の国連会議においても踏襲された(毛利1999)。比較的初期に採択されたワシントン条約などでは、締約国会議への国内 NGO の参加について関係国の承認が必要とされているが、ウィーン、バーゼル、気候変動、生物多様性、砂漠化では、締約国の3分の1以上が反対しなければ NGO の参加が認められるようになった。このような民主化や情報通信技術の進展を追い風に NGO コミュニティのネットワーク化が進み、気候行動ネットワーク(CAN)、生物多様性行動ネットワーク(BIONET)、砂漠化・干ばつに関する国際NGOネットワーク(RIOD)、POP廃絶国際ネットワーク(IPEN)などが90年代に広がりを見せた。このように国家、市場、市民社会の内外でダイナミックなネットワーキングが新しいガバナンスを求めて動いているのである。

コラム7：リオデジャネイロ会議とヨハネスブルグ会議

　1992年6月3〜14日にブラジル・リオデジャネイロで開催された国連環境開発会議（UNCED）では、その成果として「環境と開発に関するリオ宣言」、行動計画として「アジェンダ21」などが採択されたほか、気候変動枠組条約と生物多様性条約に多くの国が署名した。リオ会議の成果については評価が分かれる。積極的な評価としては、その準備やフォローアップ過程に着目するものが多い。とりわけ、アジェンダ21の進捗状況の監視や各国政府が報告する情報を検討するために設置された「持続可能な開発委員会（CSD）」では、女性、青年、先住民、NGO、地方自治体、労働者、産業界、科学者、農民など、多様な主体グループの参加拡大が期待された。これらのグループは政府の活動を監視し、政府報告への関与や独自の報告を出している。リオ会議への批判としては、森林条約が締結できなかったことや、アジェンダ21を実施するための十分な資金提供の約束を引き出せなかったことなどが指摘された。

　2002年8月26〜9月4日に南アフリカ・ヨハネスブルグで開催される持続可能な開発に関する世界サミット（WSSD）はリオ＋10とも呼ばれる。ヨハネスブルグ会議では、リオ会議以降の10年間におけるアジェンダ21の実施の進捗がレビューされる。具体的な議題は、2002年6月にインドネシアで開催される閣僚レベルの準備委員会で最終的に決まるが、「人々、地球、繁栄（People, Planet and Prosperity）」というスローガンに表現されているように、持続可能な人間開発・社会開発、生態系的に持続可能な地球環境の保全、持続可能な経済成長・繁栄という持続可能な開発概念の三本柱の関係が議題の焦点となるだろう。貧困と環境、グローバル化と環境、健康と環境、水へのアクセス、エネルギーと経済発展などの連関について持続性を阻害する要因が何かを明らかにしたうえで、どう行動につなげるかが注目される。

エピローグ

　グローバル・ガバナンスはアメリカの新しい戦略に過ぎないという批判がある一方で、アメリカの単独主義を抑えることこそがグローバル・ガバナンスであるという見方もある。アメリカが提示する「グローバル・ガバナンス」のセット・メニューのなかにしか選択肢がない「カラオケ外交」(Inoguchi and Jain 2000) を超克するためには、日本からも様々なグローバル・ガバナンス論が発信される必要がある。本書では自分なりのグローバル・ガバナンス論を提示したつもりだが、その試みが少しでも成功しているのか、あるいは欧米国際関係学の単なる借用に終わっているのか、読者の批判を仰ぎたい。いずれにせよ、日本人である私がグローバル・ガバナンス概念を語る意味について簡単に省察しておきたい。

　「20世紀はどんな時代だったのか。21世紀はどんな時代になると思うか。21世紀はグローバル・ガバナンスの世紀になりうるのではないか」と私が尋ねると、イスラム研究をしている友人は、「そもそも『20世紀とは』とか『21世紀とは』と質問すること自体が、キリスト教文化圏の時間支配に取り込まれている」と忠告してくれた。キリスト教徒にとってはミレニアムでも、イスラム圏のヒジュラ暦では1421〜22年にあたるそうだ。また、中国研究をしている

友人は、「中国は革命後、西暦を採用してしまった。年号として使われることで歴史意識まで形成されてしまうこともある。世紀や年号を単なる符号として使うことが重要だ」と指摘してくれた。カナダに留学した頃から私は欧米の文化や言説に取り込まれ、無意識のうちに彼らが使う概念や言説を単に紹介し再生産することに加担していたのだろうか。

たしかに、「グローバル・ガバナンス」「シビル・ソサイエティ（市民社会）」「ヒューマン・セキュリティ（人間の安全保障）」「サステイナブル・ディベロップメント（持続可能な開発）」などは、いかにもミドル・パワーとしてのカナダ人が好みそうな言葉だ（吉田 1999）。国連平和維持活動や世界貿易機関を提唱したのもカナダだった。また、本書の主張の底流にあった国際・世界・地球という「エボリューション（進化）」的な見方も、フランスやアメリカのような「レボリューション（革命）」を経験していないカナダ的な歴史観なのかもしれない。第 2 章で書いた「パラダイム間論争」というのも、いかにもカナダ的な折衷だ。

カナダで触れた言説に影響されたことを素直に認めたうえで、あえて反駁するとすれば、グローバル社会の縮図であるカナダにガバナンスのヒントが存在するかもしれないということだ。カナダの大学で出会った多くの人々が、国連平和維持活動や多国籍企業や NGO で実際に働いた経験を持っていた。天安門事件が起きれば中国人学生が活動し、湾岸戦争の時にはイラク人学生やクルド系学生がすぐ隣りにいた。ソマリアやルワンダで虐殺が起こるたびに知り合いが犠牲になる人々が、いつも目の前にいたのである。

「グローバル・ガバナンス」について語ったクラスメイトも、第3論争について書いた研究者も、対人地雷禁止条約のオタワ会議に導火線を引いた者も、皆こうしたマルチカルチュラルな文脈のなかで、時には誤解と摩擦を引き起こしながら、激しい論争によって言説を形成してきたのである。それはテレビやホームページを傍観しているだけのまなざしではない。「人間の安全保障」と言いながら景気動向によって難民の受け入れ制限をする政府の態度や、「持続可能な開発」と言いながら森林伐採やウラン採掘の際に先住民の権利に十分な配慮を払わない政策を、建設的な批判によって変えてゆく過程が感じられた。「オーディエンスの能動性」（吉見2000）がグローバル社会にまで影響を与える構図がそこにあった気がする。

　こうした多元的なまなざしによって、「グローバル・ガバナンス」という概念を脱構築し、新たに再構築してゆく作業が重要であると思う。17〜18世紀以来のリアリズムは、物理学の比喩でパワーを中心概念として構築された。武力衝突や勢力均衡は、物理的な力やリーダーの力量が左右する現象として捉えられた。18〜19世紀のリベラリズムの個人主義は、原子や分子などがモデルとなっている。そこでは、これ以上分けることのできない基本単位としての個人が原子のように見立てられ、それによって企業やNGOや地域社会や国家という分子が形成される。20世紀のマルキシズムが依拠した弁証法は、化学反応に似ている。弁証法的な唯物史観によれば、生産関係の矛盾によって階級闘争が化学反応のように燃え盛り、やがて階級対立を止揚する新たな段階が生成される。

　本書では、生物学的な「進化」という概念と地学的な「環境」を

ベースとして、21世紀におけるグローバル・ガバナンス論の再構成を試みた。「国際」あるいは「世界」というよりも、「地球」という生態系的な場としてグローバル社会を捉えた。そのなかで、いくつかの問題領域に共通して見られる進化のパターンこそが明らかにされるべきガバナンスなのではないかと思う。グローバル社会と人類という生命体を維持し進化させてゆくうえで必要な遺伝子情報をグローバル・ガバナンスのゲノムと呼ぶとすれば、その解明はまだ始まったばかりなのである。

引用・参考文献

日本語文献

アイケングリーン，ベリー『21世紀の国際通貨制度』岩波書店、1997年。
明石康『体験的平和論』日本放送出版協会、1998年。
アグリエッタ，ミシェル『基軸通貨の終焉』新評論、1989年。
阿部浩己『人権の国際化』現代人文社、1998年。
磯崎博司「生物多様性の保全をめぐる論点と関連条約」信夫隆司編『環境と開発の国際政治』南窓社、1999年。
石見徹『国際通貨・金融システムの歴史』有斐閣、1995年。
上野千鶴子編『構築主義とは何か』勁草書房、2001年。
碓氷尊「グローバル・スタンダードと産官パートナーシップ」碓氷尊、グレン・パオレット編『環境ジャパン1999』ダイヤモンド社、1999年。
梅崎義人『クジラと陰謀』ABC出版、1986年。
大芝亮、山田敦「グローバル・ガバナンスの理論的展開」『国際問題』428号、1996年。
太田宏「安全保障の概念と環境問題」『国際政治』117号、1998年。
大沼保昭『人権、国家、文明』筑摩書房、1998年。
大野健一、大野泉『IMFと世界銀行』日本評論社、1993年。
カーソン，レイチェル『沈黙の春』新潮社、2001年。
カール，インゲ、イザベル・グルンベルグ、マーク・A・スターン編『地球公共財』日本経済新聞社、1999年。
金子勝『反グローバリズム』岩波書店、1999年。
環境と開発に関する世界委員会『地球の未来を守るために』福武書店、1987年。
ギル，スティーヴン「変容する地球政治のパラダイムに向けて」小林誠、遠藤誠治編『グローバル・ポリティクス』有信堂高文社、2000年。
ギルピン，ロバート『世界システムの政治経済学』東洋経済新報社、1990年。
栗栖薫子「欧州における人権・民主化レジームと紛争予防」吉川元編『予防外

交』三嶺書房、2000年。

クルーグマン，ポール「まぼろしのアジア経済」『中央公論』1995年1月号。

黒川修司「冷戦後のアジアの安全保障」中野実編『リージョナリズムの国際政治経済学』学陽書房、2001年。

グローバル・ガバナンス委員会『地球リーダーシップ』日本放送出版協会、1995年。

古城佳子「国際経済―経済のグローバル化とガヴァナンスの要請」渡辺昭夫、土山実男編『グローバル・ガヴァナンス』東京大学出版会、2001年。

小寺彰『WTO体制の法構造』東京大学出版会、2000年。

桜井錠治郎『EU通貨統合（増補改訂版）』社会評論社、1997年。

佐瀬昌盛『集団的自衛権』PHP研究所、2001年。

進藤雄介『地球環境問題とは何か』時事通信社、2000年。

鷲見一夫『世界銀行』有斐閣、1994年。

―――『世界貿易機関を斬る』明窓出版、1995年。

世界銀行『東アジアの奇跡』東洋経済新報社、1994年。

田尻嗣雄『中央銀行危機の時代』日本経済新聞社、1997年。

田畑茂二郎「人権問題の国際化とその提起するもの」田畑茂二郎編『21世紀世界の人権』明石書店、1997年。

筑紫勝麿編『ウルグァイ・ラウンド』日本関税協会、1994年。

柘山尭司「人権ガヴァナンスと新しい国際法」天児慧、押村高、河野勝編『アクセス国際関係論』日本経済評論社、2000年。

土屋大洋『情報とグローバル・ガバナンス』慶應義塾大学出版会、2001年。

トービン，ジェームズ「『新世界秩序』を考える」服部彰編『経済新時代とグローバル・ガバナンス』多賀出版、1997年。

長坂寿久『オランダ・モデル』日本経済新聞社、2000年。

納家政嗣、デヴィッド・ウェッセルズ編『ガバナンスと日本』勁草書房、1997年。

バサック，カーレル『ユネスコ版・人権と国際社会』世界宗教者平和会議、1984年。

初川満「第三世代の人権」『経済社会学会年報』13号、1991年。

ハンチントン，サミュエル『文明の衝突』集英社、1998年。

福島啓之「同盟構造と国際システムの安定」『国際政治』117号、1998年。

フクヤマ，フランシス『歴史の終わり』三笠書房、1992年。

布施勉「解説（海洋環境）」地球環境法研究会編『地球環境条約集』第3版、中央法規出版、1999年。

船橋洋一編『同盟の比較研究』日本評論社、2001年。

ブレトンウッズ委員会日本委員会編『21世紀の国際通貨システム』金融財政事情研究会、1995年。

ブル，ヘドリー『国際社会論―アナーキカル・ソサイエティ』岩波書店、2000年。

防衛大学校安全保障学研究会編『安全保障学入門・新版』亜紀書房、2001年。

宮家邦彦「基本電気通信サービス」佐々波楊子、中北徹編『WTOで何が変わったか』日本評論社、1997年。

ミングスト，カレン・A、マーガレット・P・カーンズ『ポスト冷戦時代の国連』世界思想社、1996年。

毛利聡子『NGOと地球環境ガバナンス』築地書館、1999年。

森野栄一「地域通貨―甦る、忘れられた経済史」市民フォーラム2001編『2001 Fora』48号、2000年。

山本栄治『国際通貨システム』岩波書店、1997年。

山本吉宣「協調的安全保障の可能性―基礎的な考察」『国際問題』436号、1995年。

―――――「国際レジーム論―政府なき統治を求めて」『国際法外交雑誌』95巻1号、1996年。

横田洋三編『新版国際機構論』国際書院、2001年。

吉田健正『カナダ―20世紀の歩み』彩流社、1999年。

吉見俊哉『カルチュラル・スタディーズ』岩波書店、2000年。

米本昌平『地球環境問題とは何か』岩波書店、1994年。

ロンフェルト，デービッド「部族、組織、市場、ネットワーク―社会進化理論の枠組み」公文俊平編『ネティズンの時代』NTT出版、1996年。

渡辺昭夫、土山実男編『グローバル・ガヴァナンス』東京大学出版会、2001年。

英語文献

Banks, Michael. " The Inter-Paradigm Debate. " In *International Relations: A Handbook of Current Theory*, edited by Margot Light and A. J. R. Groom. London: Francis Pinter, 1985.

Bull, Hedley. *The Anarchical Society*. London: Macmillan, 1977.

Commission on Global Governance. *Our Global Neighbourhood*. New York: Oxford University Press, 1995.

Buzan, Barry. *People, States and Fear*. 2d ed. London: Harvester Wheatsheaf, 1991.

Buzan, Barry, Ole Wæver, and Jaap de Wilde. *Security: A New Framework for Analysis*. Boulder, CO: Lynne Rienner Publishers, 1998.

Cameron, Maxwell A., Robert J. Lawson, and Brian W. Tomlin, eds. *To Walk Without Fear*. Toronto: Oxford University Press, 1998.

Carson, Rachel. *Silent Spring*. Reprinted ed. New York: Mariner Books, 1994 [1962].

Chasek, Pamela S. *Earth Negotiations*. Tokyo: United Nations University Press, 2001.

Clark, Roger S. "How International Human Rights Law Affects Domestic Law." In *Human Rights: New Perspectives and New Realities*, edited by Adamantia Pollis, and Peter Schwab. Boulder, CO: Lynn Rienner Publishers, 2000.

Danaher, Kevin, ed. *50 Years is Enough: A Case Against the World Bank and the International Monetary Fund*. Boston: South End Press, 1994.

Dewitt, David. "Common, Comprehensive, and Cooperative Security." *The Pacific Review*, Vol. 7, No. 1, 1994.

Eichengreen, Barry. *International Monetary Arrangements for the 21st Century*. Washington, D.C.: Brookings Institution, 1994.

Falk, Richard. *On Humane Governance*. University Park, PA: Pennsylvania State University Press, 1995.

Fukuyama, Francis. *The End of History and the Last Man*. New York: Avon Books, 1992.

Gilpin, Robert. *War and Change in World Politics*. Cambridge: Cambridge University Press, 1981.

―――. *The Political Economy of International Relations*. Princeton, NJ: Princeton

University Press, 1987.

Hardin, Garrett. "The Tragedy of the Commons." *Science*, 162, 1968.

Huntington, Samuel P. *The Clash of Civilizations and Remaking of World Order*. New York: Simon and Schuster, 1996.

Ikenberry, G. John. *After Victory: Institutions, Strategic Restraint, and the Rebuilding of Order after Major Wars*. Princeton, NJ: Princeton University Press, 2001.

Inoguchi, Takashi, and Purnendra Jain. *Japanese Foreign Policy Today*. New York: Palgrave, 2000.

Jackson, John H. *The World Trade Organization*. London: Royal Institute of International Affairs, 1998.

Kaul, Inge, Isabel Grunberg, and Marc A. Stern, eds. *Global Public Goods: International Cooperation in the 21st Century*. New York: Oxford University Press, 1999.

Kenwood, A.G., and A. L. Lougheed. *The Growth of the International Economy 1820-1990*. 3d ed. New York: Routledge, 1992.

Keohane, Robert O. *After Hegemony*. Princeton: Princeton University Press, 1984.

Kirshner, Orin, ed. *The Bretton Woods-GATT System*. New York: M. E. Sharpe, 1996.

Krasner, Stephen D., ed. *International Regimes*. Ithaca, NY: Cornell University Press, 1983.

Krugman, Paul. " The Myth of Asia's Miracle. " *Foreign Affairs*, November/December 1994.

Marc A. Levy. "European Acid Rain: The Power of Toteboard Diplomacy." In Peter M. Haas, Robert O. Keohane, and Marc A. Levy, eds., *Institutions for the Earth*. Cambridge: MIT Press, 1993.

Mingst, Karen A., and Margaret P. Karns. *The United Nations in the Post-Cold War Era*. Boulder, CO: Westview Press, 1995.

Mitchell, Ronald, Moira L. McConnell, Alexei Roginko, and Ann Barrett. " International Vessel-Source Oil Pollution. " In *The Effectiveness of International Environmental Regimes*, edited by Oran R. Young. Cambridge, MA: MIT Press, 1999.

Ronfeldt, David. *Tribes, Institutions, Markets, Network: A Framework about Societal Evolution*. Santa Monica, CA: RAND, 1996.

Rosenau, James N., and Ernst-Otto Czenpiel, eds. *Governance without Government: Order and Change in World Politics*. Cambridge: Cambridge University Press, 1992.

Ruggie, John Gerald. "International Regimes, Transactions, and Change: Embedded Liberalism in the Postwar Economic Order." *International Organization*, 36, 1982.

Orbinski, James. "Health, equity, and trade: A failure in global governance." In *The Role of the World Trade Organization in Global Governance*, edited by Gary P. Sampson. Tokyo: United Nations University, 2001.

Strange, Susan. *Casino Capitalism*. 3d ed. Manchester: Manchester University Press, 1997.

Thakur, Ramesh, and Edward Newman, eds. *New Millennium, New Perspectives*, Tokyo: United Nations University Press, 2000.

Vasak, Karel, ed. *The International Dimensions of Human Rights*. 2 vols. Revised and edited for the English edition by Philip Alston. Westport, CT: Greenwood Press for UNESCO, 1982.

Walter, Andrew. *World Power and World Money*. Rev. ed. London: Harvester Wheatsheaf, 1993.

Watal, Jayashree. "Developing Countries' Interests in a 'Development Round.'" In *The WTO after Seattle*, edited by Jeffrey J. Schott. Washington, D.C.: Institute for International Economics, 2000.

Wendt, Alexander E. "The Agent-Structure Problem in International Relations Theory." *International Organization*. Vol. 41, No. 3, 1987.

World Bank. *The East Asian Miracle*. New York: Oxford University Press, 1993.

World Commission on Environment and Development. *Our Common Future*. New York: Oxford University Press, 1987.

Young, Oran R. *International Governance: Protecting the Environment in a Stateless Society*. Ithaca, NY: Cornell University Press, 1994.

―――, ed. *Global Governance: Drawing Insights from the Environmental Experience*. Cambridge, MA: MIT Press, 1997.

著者紹介

毛利　勝彦（もうり　かつひこ）
神奈川県生まれ。カールトン大学大学院政治科学研究科修了（Ph.D.）。
国際大学大学院助教授、横浜市立大学助教授などを経て現在、国際基督教大学教養学部国際関係学科準教授。

主要著書

著書に *The Political Economy of Japanese Official Development Assistance*（国際開発ジャーナル社、1995年）、共編著に *Teaching International Affairs with Cases*（Westview Press 社、1997年）、『ディベートで学ぶ国際関係』（玉川大学出版部、2001年）、『持続可能な地球環境を未来へ』（大学教育出版、2003年）がある。

横浜市立大学学術研究会

横浜市立大学叢書 5
グローバル・ガバナンスの世紀──国際政治経済学からの接近──

2002 年 4 月 15 日	初　版第 1 刷発行
2005 年 10 月 30 日	初　版第 2 刷発行

〔検印省略〕

＊定価はカバーに表示してあります

著者© 毛利勝彦／発行者　下田勝司

印刷・製本　中央精版印刷

東京都文京区向丘 1-20-6　郵便振替 00110-6-37828
〒 113-0023　TEL(03) 3818-5521代　FAX(03) 3818-5514
E-Mail tk203444@fsinet.or.jp

株式会社　発行所　東信堂

Published by TOSHINDO PUBLISHING CO., LTD.
1-20-6, Mukougaoka, Bunkyo-ku, Tokyo, 113-0023, JAPAN

ISBN4-88713-435-5 C1331 ¥1500E

横浜市立大学叢書(シーガル・ブックス)の刊行にあたって

横浜市立大学学術研究会 会長
横浜市立大学 学長 加藤祐三

21世紀の初めに「横浜市立大学叢書」の刊行を得たことを嬉しく思います。刊行責任者の横浜市立大学学術研究会は、新制大学として発足した昭和24(1949)年以来、主に『横浜市立大学論叢』『横浜市立大学紀要』など、学術論文の定期刊行を行ってきた、教員・学生・卒業生による任意の学術団体です。

学術論文を刊行する重要性は言うまでもありません。これに加えて継続的に単行本を刊行し、本学の研究成果を広く学外に開放しようという試みは、以前から何度かありましたが、諸般の事情から実現できず、やっと今日になって日の目を見ました。委員会と叢書編集委員会のご苦労を多としたいと思います。

叢書の愛称シーガル・ブックスのシーガルはカモメであり、学生厚生施設の名称にも採用された、本学のロゴであります。もともとは校歌に「鴎の翼に朝日は燿よい……」(西条八十作詞)と歌われたことに由来します。横浜市の最南に位置する本学は、海(東京湾)に近く、構内は緑の丘(斜面緑地)に囲まれ、研究棟の屋上にはトンビが営巣、海辺にはカモメが舞い、人口340万の大都会とは思えない、自然に恵まれた環境にあります。

横浜市立大学は、商学部、医学部、国際文化学部、理学部、それぞれの大学院研究科、そして看護短期大学、二つの研究所と二つの付属病院を持つ、中規模の先進的な総合大学です。私は教員と学生達によく「世界を見すえ、持ち場で動かむ」と言っていますが、これはまた私自身のモットーでもあります。

近代日本は外来のモデルをいち早く導入することによって一流を維持できましたが、その時代が過ぎ去った現代において、われわれは創造の試練をくぐり抜けなければなりません。知識人のあり方も、大学のあり方も、大きく変わっています。

旧来のように社会から孤立して真理を護るという道は細く狭くなっており、その逆に世間と交わり、その荒波にもまれてこそ確たる真理を樹立でき、こうしてこそ学問の自由を守りぬくことができる、こうした時代になっていると思います。

この方向へと大胆かつ慎重に歩む教員が多数おり、その志を持つ教員の姿を目の当たりにする中で、優秀な学生が育っていくはずです。本学は教育・研究・社会貢献の三つの柱をともに重視していますが、教育と社会貢献の基盤が研究にほかなりません。研究の質的向上なくしては、質の高い教育も社会貢献も達成しがたいと考えます。

今回の叢書刊行は3点ですが、10年、20年を経るなかで、連鎖的に大きな役割を発揮すると確信しています。編集の狙いは、平易に書かれた専門書、あるいは知的刺激に富む入門書を主とすると聞いています。横浜市立大学叢書(シーガル・ブックス)は地域社会と国際社会への本学の貢献の一つです。厳しく暖かいご声援をお願いします。

平成13(2001)年 春 吉日

― 東信堂 ―

〔横浜市立大学叢書〕(シーガル・ブックス) ことばから観た文化の歴史 ―アングロ・サクソン到来からノルマンの征服まで	宮崎忠克	一五〇〇円
独仏対立の歴史的起源 ―スダンへの道	松井道昭	一五〇〇円
ハイテク覇権の攻防 ―日米技術紛争	黒川修司	一五〇〇円
ポーツマスから消された男 ―朝河貫一の日露戦争論	矢吹晋著・編訳	一五〇〇円
グローバル・ガバナンスの世紀 ―国際政治経済学からの接近	毛利勝彦	一五〇〇円
青の系譜 ―古事記から宮澤賢治まで	今西浩子	一五〇〇円
アングロ・サクソン文学史:韻文編	唐澤一友	一五〇〇円
フランスから見た幕末維新 ―「イリュストラシオン日本関係記事集」から	朝比奈美知子編訳 増子博調解説	四八〇〇円
森と建築の空間史 ―南方熊楠と近代日本	千田智子	四三八一円
アメリカ映画における子どものイメージ ―社会文化的分析	K・M・ジャクソン 牛渡淳訳	二六〇〇円
アーロン・コープランドのアメリカ	G・レヴィン/J・ティック 奥田恵二訳	三三〇〇円
〔ルネサンス叢書〕 ルネサンスの知の饗宴 ―ヒューマニズムとプラトン主義	佐藤三夫編	四六〇〇円
東西ルネサンスの邂逅 ―南蛮と楠寮氏の歴史的世界を求めて	佐藤三夫	三六〇〇円
イタリア・ルネサンス事典	J・R・ヘイル編 中森義宗監訳	七八〇〇円

〒113-0023 東京都文京区向丘1－20－6 ☎03(3818)5521 FAX 03(3818)5514 振替 00110-6-37828
E-mail:tk203444@fsinet.or.jp

※定価：表示価格(本体)＋税

東信堂

人間の安全保障―世界危機への挑戦	佐藤誠編	三八〇〇円
東京裁判から戦後責任の思想へ（第4版）	安藤次男編	三八〇〇円
〔新版〕単一民族社会の神話を超えて	大沼保昭	三二〇〇円
不完全性の政治学―イギリス保守主義思想の二つの伝統	大沼保昭 A・クイントン 岩重敏夫訳	三六八九円
入門 比較政治学―民主化の世界の潮流を解読する	H・J・ウィアルダ 大矢啓介訳	三〇〇〇円
ポスト社会主義の中国政治―構造と変容	小林弘二	三八〇〇円
クリティーク国際関係学	關下稔 中川涼司編	三二〇〇円
軍縮問題入門〔新版〕	黒沢満編著	二五〇〇円
実践 ザ・ローカル・マニフェスト	松沢成文	一二三八円
ポリティカル・パルス：現場からの日本政治裁断	大久保好男	二〇〇〇円
時代を動かす政治のことば―尾崎行雄から小泉純一郎まで	読売新聞政治部編	一八〇〇円
明日の天気は変えられないが明日の政治は変えられる	岡野加穂留	二〇〇〇円
ハロー！衆議院	衆議院システム研究会編	一〇〇〇円
大杉榮の思想形成と「個人主義」	飛矢崎雅也	二九〇〇円
〔現代臨床政治学シリーズ〕		
リーダーシップの政治学	石井貫太郎	一六〇〇円
アジアと日本の未来秩序	伊藤重行	一八〇〇円
象徴君主制憲法の20世紀的展開	下條芳明	二〇〇〇円
〔現代臨床政治学叢書・岡野加穂留監修〕		
村山政権とデモクラシーの危機	岡野加穂留 藤本一美編著	四三〇〇円
比較政治学とデモクラシーの限界	岡野加穂留 大六野耕作編著	四二〇〇円
政治思想とデモクラシーの検証	岡野加穂留 伊藤重行編著	三八〇〇円
〔シリーズ制度のメカニズム〕		
アメリカ連邦最高裁判所	大越康夫	一八〇〇円
衆議院―そのシステムとメカニズム	向大野新治	一八〇〇円
WTOとFTA―日本の制度上の問題点	高瀬保	一八〇〇円

〒113-0023 東京都文京区向丘1-20-6
TEL 03-3818-5521 FAX 03-3818-5514 振替 00110-6-37828
Email tk203444@fsinet.or.jp URL: http://www.toshindo-pub.com/

※定価：表示価格（本体）＋税

― 東信堂 ―

国際法新講〔上〕〔下〕	田畑茂二郎	〔上〕二九〇〇円 〔下〕二七〇〇円
ベーシック条約集(第6版)	編集代表 山手治之 井上芳郎 松田竹男 編集代表 香西茂	二六〇〇円
判例国際法	編集代表 松井芳郎 編集 山手治之 香西茂 松田竹男 田中則夫	三五〇〇円
国際立法——国際法の法源論	村瀬信也	六八〇〇円
条約法の理論と実際	坂元茂樹	四二〇〇円
武力紛争の国際法	真山全編	一四二八六円
国際法から世界を見る——市民のための国際法入門(第2版)	松井芳郎	二八〇〇円
テロ、戦争、自衛——米国等のアフガニスタン攻撃を考える	松井芳郎	八〇〇円
国際法/はじめて学ぶ人のための	大沼保昭編著	二四〇〇円
資料で読み解く国際法(第2版)〔上〕〔下〕	大沼保昭	〔上〕三八〇〇円 〔下〕三八〇〇円
在日韓国・朝鮮人の国籍と人権	大沼保昭	三八〇〇円
共生時代の在日コリアン	金東勲	二八〇〇円
21世紀の国際機構：課題と展望	安藤仁介 編 佐藤哲夫	七一四〇円
〔21世紀国際社会における人権と平和〕〔上・下巻〕		
国際社会の法構造——その歴史と現状	編集代表 山手治之 香西茂	〔上〕三八〇〇円 〔下〕三八〇〇円
現代国際社会における人権と平和の保障	編集代表 香西茂 山手治之 編集 山形英郎 桐山孝信 薬師寺公夫 坂元茂樹	六三〇〇円
国際機構条約・資料集(第2版)	編集代表 香西茂 編集 横田洋三 山田中正 安藤仁介 大谷良雄	五七〇〇円
国際経済条約・法令集(第2版)	高野雄一	三九〇〇円
国際法における承認——その法的機能及び効果の再検討	王志安	五二〇〇円
国際社会と法	高野雄一	四三〇〇円
領土帰属の国際法	大壽堂鼎	四八〇〇円
〔現代国際法叢書〕		
集団安保と自衛権	高野雄一	四八〇〇円
国際「合意」論序説——法的拘束力を有しない国際「合意」について	中村耕一郎	三〇〇〇円
国際人権法とマイノリティの地位	金東勲	三八〇〇円
法と力——国際平和の模索	寺沢一	五二〇〇円

〒113-0023 東京都文京区向丘1-20-6
☎TEL 03-3818-5521 FAX 03-3818-5514 振替 00110-6-37828
Email tk203444@fsinet.or.jp

※定価：表示価格(本体)＋税

東信堂

〈シリーズ 社会学のアクチュアリティ：批判と創造 全12巻+2〉

クリティークとしての社会学――現代を批判的に見る眼
　　西原和久・宇都宮京子・藤田弘夫・浦野正樹 編　一八〇〇円

都市社会とリスク――豊かな生活をもとめて
　　　　　　　　　　　　　　　　　藤田弘夫・浦野正樹 編　二〇〇〇円

〈シリーズ世界の社会学・日本の社会学叢書〉

タルコット・パーソンズ――最後の近代主義者　　中野秀一郎　一八〇〇円
ゲオルク・ジンメル――現代分化社会における個人と社会　居安　正　一八〇〇円
ジョージ・H・ミード――社会的自我論の展開　　　　　船津　衛　一八〇〇円
アラン・トゥーレーヌ――現代社会のゆくえと新しい社会運動　杉山光信　一八〇〇円
アルフレッド・シュッツ――主観的時間・社会的空間　森　元孝　一八〇〇円
エミール・デュルケム――社会の道徳的再建と社会学　中島道男　一八〇〇円
レイモン・アロン――危機の時代の透徹した警世家　岩城完之　一八〇〇円
フェルディナンド・テンニエス――ゲマインシャフトとゲゼルシャフト　吉田浩　一八〇〇円
カール・マンハイム――時代を診断する亡命者　　澤井　敦　一八〇〇円

費孝通――民族自省の社会学　　　　　　　　　　佐々木衞　一八〇〇円
奥井復太郎――都市社会学と生活論の探究　　　　藤田弘夫　一八〇〇円
新明正道――綜合社会学の探究　　　　　　　　　山本鎭雄　一八〇〇円
米田庄太郎――新総合社会学の先駆者　　　　　　中　久郎　一八〇〇円
高田保馬――理論と政策の無媒介的統一　　　　　北島　滋　一八〇〇円
戸田貞三――家族研究・実証社会学の軌跡　　　　川合隆男　一八〇〇円

〈中野卓著作集・生活史シリーズ 全12巻〉

生活史の研究　　　　　　　　　　　　　　　　　中野　卓　二五〇〇円
先行者たちの生活史　　　　　　　　　　　　　　中野　卓　三三〇〇円

トクヴィルとデュルケーム――社会学的人間観と生の意味　菊谷和宏　三〇四八円

マッキーヴァーの政治理論と政治的多元主義　　　町田　博　四二〇〇円

〒113-0023 東京都文京区向丘1-20-6
TEL 03-3818-5521　FAX 03-3818-5514　振替 00110-6-37828
Email tk203444@fsinet.or.jp　URL: http://www.toshindo-pub.com/

※定価：表示価格(本体)＋税